全国交通运输职业教育教学指导委员会规划教材
教育部中等职业教育汽车专业技能课教材

汽车发动机及底盘常见故障诊断与排除

全国交通运输职业教育教学指导委员会
中国汽车维修行业协会　组织编写
杨永先　主　编

人民交通出版社股份有限公司
China Communications Press Co.,Ltd.

内 容 提 要

本书为全国交通运输职业教育教学指导委员会规划教材,主要内容包括:汽车故障诊断的基础知识、发动机不能起动故障的诊断与排除、发动机怠速不稳故障检修、发动机异响故障诊断与排除、发动机水温过高的故障检修、发动机机油压力过低故障的诊断与排除、汽车离合器分离不彻底故障的诊断与排除、手动变速器挂挡困难故障的诊断和排除、汽车转向沉重故障的诊断与排除、汽车制动失灵故障的诊断与排除、汽车轮胎异常磨损故障的诊断与排除。

本书适用于中等职业学校汽车运用与维修专业的教学,还可供广大汽车工程技术人员自学之用。

图书在版编目(CIP)数据

汽车发动机及底盘常见故障诊断与排除/杨永先主编.—北京:人民交通出版社股份有限公司,2017.3(2024.12重印)
全国交通运输职业教育教学指导委员会规划教材.教育部中等职业教育汽车专业技能课教材
ISBN 978-7-114-12467-9

Ⅰ.①汽… Ⅱ.①杨… Ⅲ.①汽车—发动机—故障诊断—中等专业学校—教材②汽车—发动机—车辆检修—中等专业学校—教材③汽车—底盘—故障诊断—中等专业学校—教材④汽车—底盘—车辆检修—中等专业学校—教材 Ⅳ.①U472.43②U472.41

中国版本图书馆 CIP 数据核字(2015)第 203604 号

书　　　名:	汽车发动机及底盘常见故障诊断与排除
著 作 者:	杨永先
责任编辑:	戴慧莉　李　良
出版发行:	人民交通出版社股份有限公司
地　　址:	(100011)北京市朝阳区安定门外外馆斜街3号
网　　址:	http://www.ccpcl.com.cn
销售电话:	(010)85285911
总 经 销:	人民交通出版社股份有限公司发行部
经　　销:	各地新华书店
印　　刷:	北京虎彩文化传播有限公司
开　　本:	787×1092　1/16
印　　张:	10.5
字　　数:	252千
版　　次:	2017年3月　第1版
印　　次:	2024年12月　第5次印刷
书　　号:	ISBN 978-7-114-12467-9
定　　价:	25.00元

(有印刷、装订质量问题的图书由本公司负责调换)

编审委员会

主　　任：王怡民(浙江交通职业技术学院)
副 主 任：刘建平(广州市交通运输职业学校)　　杨经元(云南交通技师学院)
　　　　　赵　琳(北京交通运输职业学院)　　　张京伟(中国汽车维修行业协会)
　　　　　陈文华(浙江交通职业技术学院)　　　王凯明(中国汽车维修行业协会)
特邀专家：朱　军(中国汽车维修行业协会)　　　魏俊强(北京祥龙博瑞汽车服务有限公司)
　　　　　张小鹏(庞贝捷漆油(上海)有限公司)　刘　亮(麦特汽车服务股份有限公司)
委　　员：(按姓氏笔画排序)
　　　　　毛叔平(上海市南湖职业学校)　　　　王　健(贵阳市交通技工学校)
　　　　　王彦峰(北京交通运输职业学院)　　　王　强(贵州交通职业技术学院)
　　　　　占百春(苏州建设交通高等职业技术学校)刘新江(四川交通运输职业学校)
　　　　　刘宣传(广州市公用事业技师学院)　　齐忠志(广州市交通运输职业学校)
　　　　　吕　琪(成都工业职业技术学院)　　　李　青(四川交通运输职业学校)
　　　　　李雪婷(成都汽车职业技术学校)　　　李春生(广西交通技师学院)
　　　　　李文慧(新疆交通职业技术学院)　　　李　晶(武汉市东西湖职业技术学校)
　　　　　陈　虹(浙江交通技师学院)　　　　　陈文均(贵州交通技师学院)
　　　　　陈社会(无锡汽车工程中等专业学校)　张　炜(青岛交通职业学校)
　　　　　杨永先(广东省交通运输高级技工学校)杨承明(杭州技师学院)
　　　　　杨建良(苏州建设交通高等职业技术学校)杨二杰(四川交通运输职业学校)
　　　　　陆松波(慈溪市锦堂高级职业中学)　　何向东(广东省清远市职业技术学校)
　　　　　邵伟军(杭州技师学院)　　　　　　　周志伟(深圳市宝安职业技术学校)
　　　　　林育彬(宁波市鄞州职业高级中学)　　易建红(武汉市交通学校)
　　　　　林治平(厦门工商旅游学校)　　　　　胡建富(浙江交通技师学院)
　　　　　赵俊山(济南第九职业中等专业学校)　赵　颖(北京交通运输职业学院)
　　　　　荆叶平(上海市交通学校)　　　　　　郭碧宝(广州市交通技师学院)
　　　　　姚秀驰(贵阳市交通技工学校)　　　　崔　丽(北京市丰台区职业教育中心学校)
　　　　　曾　丹(佛山市顺德区中等专业学校)　蒋红梅(重庆市立信职业教育中心)
　　　　　喻　媛(柳州市交通学校)
秘 书 组：李　斌　翁志新　戴慧莉　刘　洋(人民交通出版社股份有限公司)

前言 Preface

为深入贯彻落实全国职业教育工作会议精神和《国务院关于加快发展现代职业教育的决定》，促进职业教育专业教学科学化、标准化、规范化，教育部组织制定了《中等职业学校专业教学标准(试行)》。全国交通运输职业教育教学指导委员会具体承担了汽车运用与维修（专业代码082500）、汽车车身修复（专业代码082600）、汽车美容与装潢（专业代码082700）、汽车整车与配件营销（专业代码082800）4个汽车类专业教学标准的制定工作。

根据教育部《关于中等职业教育专业技能课教材选题立项的函》（教职成司函[2012]95号）文件精神，人民交通出版社申报的上述4个汽车类专业技能课教材选题成功立项。

2014年10月，人民交通出版社联合全国交通运输职业教育教学指导委员会、中国汽车维修行业协会在北京召开了"教育部中等职业教育汽车专业技能课教材编写会"，并成立了由全国交通运输职业教育教学指导委员会领导、中国汽车维修行业协会领导、知名汽车维修专家及院校教师组成的教材编审委员会。会上，确定了4个汽车类专业34本教材的编写团队及编写大纲，正式启动了教材编写。

教材的组织编写，是以教育部组织制定的4个汽车类专业教学标准为基本依据进行的。教材从编写到成稿形成以下特色：

1. "五位一体"的编审团队。从组织编写之初，就本着"高起点、高标准、高要求"的原则，成立了由国内一流的院校、一流的教师、一流的专家、一流的企业、一流的出版社组成的五位一体的编审团队。

2. 精品化的内容。编审团队认真总结了中职院校的优秀教学成果，结合了企业的职业岗位需求，吸收了发达国家的先进职教理念。教材文字精练、插图丰富，尤其是实操性的内容，配了大量实景照片。

3. 理实一体的编写模式。教材理论内容浅显易懂，实操内容贴合生产一线，将知识传授、技能训练融为一体，体现"做中学、学中做"的职教思想。

4. 覆盖全国的广泛适用性。本套教材充分考虑了全国各地院校的分布和实际情况，涉及的车型和设备具有代表性和普适性，能满足全国绝大多数中职院校的实际需求。

5. 完善的配套。本套教材包含"思考与练习""技能考核标准"，并配有电子课件和微视频，以达到巩固知识、强化技能、易教易学的目的。

《汽车发动机及底盘常见故障诊断与排除》是本套教材中的一本。与传统同类教材相比，本书是以任务导向教学模式构建编写内容，围绕怎样完成实际工作任务这一目标，学习相关理论知识、维修技术、操作技能，强调故障的分析方法和维修计划的制订。每个学习任务都提供了评价学生学习的方法和参考标准，采用学生自评、互评、操作全过程的记录评价，全面评价学生的学习过程。

本书的编写分工为：广东省交通运输高级技工学校的杨永先编写了学习任务1至学习任务3、学习任务9和学习任务10，广东省交通运输高级技工学校的童剑峰编写了学习任务4和学习任务5，广东省交通运输高级技工学校的秦启武编写了学习任务6，广东省交通运输高级技工学校的钟凯彬编写了学习任务7和学习任务8，广东省交通运输高级技工学校的樊永强编写了学习任务11。全书由杨永先担任主编。

限于编者水平，又是完全按照新的教学标准编写，书中难免有不当之处，敬请广大院校师生提出意见建议，以便再版时完善。

编审委员会
2016年3月

目录 Contents

学习任务 1　汽车故障诊断的基础知识 ………………………………………………… 1
学习任务 2　发动机不能起动故障的诊断与排除 ……………………………………… 9
学习任务 3　发动机怠速不稳故障检修 ………………………………………………… 25
学习任务 4　发动机异响故障诊断与排除 ……………………………………………… 36
学习任务 5　发动机水温过高的故障检修 ……………………………………………… 47
学习任务 6　发动机机油压力过低故障的诊断与排除 ………………………………… 57
学习任务 7　汽车离合器分离不彻底故障的诊断与排除 ……………………………… 69
学习任务 8　手动变速器挂挡困难故障的诊断和排除 ………………………………… 82
学习任务 9　汽车转向沉重故障的诊断与排除 ………………………………………… 101
学习任务 10　汽车制动失灵故障的诊断与排除 ……………………………………… 118
学习任务 11　汽车轮胎异常磨损故障的诊断与排除 ………………………………… 134
参考文献 ………………………………………………………………………………… 157

学习任务1　汽车故障诊断的基础知识

学习目标

知识目标

1. 熟悉汽车技术状况变化的规律及汽车故障；
2. 了解汽车进厂维修的基本流程；
3. 掌握汽车故障的诊断方法及基本流程；
4. 熟悉汽车技术的诊断参数和标准。

技能目标

1. 能用脑图或因果分析图分析车辆故障；
2. 能根据因果分析图的分析结果制订故障诊断流程。

建议课时

6课时。

小张是个电脑程序员，对各种编程可以说是驾轻就熟，可对汽车却完全不懂。最近他突然对汽车产生了兴趣，因为他的卡罗拉车的前照灯出现了问题，有一边的远光灯不亮了。他很想知道汽车出现了哪些故障，这些故障会不会危害行车安全？应该采用怎样的方法诊断并排除这些故障？车型不同，分析故障、制订诊断流程、确定维修程序的方法都是一样的吗？维修人员必须具备什么样的基本能力呢？

一 理论知识准备

1 汽车技术状况变化和汽车故障

汽车技术状况是指定量测得的表征某一时刻汽车外观和性能的参数值的总和。在汽车运行过程中,汽车的内部零部件之间、零件与工作介质和工作产物之间、汽车与外部环境之间均存在相互作用,其结果会引起零部件发热、磨损和腐蚀等一系列物理和化学变化,使汽车在整个使用寿命期内,技术状况由好变坏、进而出现故障。

汽车故障是指汽车在工作过程中,因某种原因"丧失规定功能"或危害安全的现象。一旦这些现象出现,应该及时采用正确的方法诊断并给以排除,无论是什么车型,分析故障、制订诊断流程、确定维修程序的方法都是一样的。汽车故障可以分为机械故障和电子电器故障两类。机械故障主要表现为零件的磨损、变形和断裂、腐蚀,除此之外,老化、失调、烧蚀、沉积等,也是汽车某些零部件发生故障的重要原因。电子电气故障大多是用电器烧毁(比如前照灯),插接件处接触不良、短路、断路(断线)等。

汽车故障并不都会导致车辆无法运行,如发动机运行不稳,或者是制动片磨损严重,汽车还是可以行驶的,但这种故障现象或是隐患不排除,可能导致汽车处于危险之中,所以,及早发现并排除故障既能保证行车安全,还能保证汽车的使用寿命。

目前,汽车技术的发展已经达到了很高的水平,车辆最初运行阶段的故障率极低,但随着汽车使用里程的增加,故障率也会逐渐增加。德国技检协会对不同车龄的车辆进行统计,故障率由低到高排名显示,各车龄段故障率最低的五个车型和故障率最高的五个车型之间的故障率差异还是比较明显的,表1-1所示的是相关统计数据。无论车辆的质量怎样,车辆的故障率都是随车龄的增加而增加,也就是说汽车使用的越久,故障就会越多。

不同车龄车辆的故障率　　　　　表1-1

车龄(年)	2~3	4~5	6~7	8~9	10~11
故障率最低的五个车型的平均故障率(%)	4.67	6.26	11.62	15.88	19.28
故障率最高的五个车型的平均故障率(%)	14.9	24.82	31.7	39.3	43.52

2 汽车维修基本流程

当客户将车辆送至维修厂维修时,维修厂家会按照一定的流程进行维修作业,维修技师会按照表1-2所列流程的操作流程及要求,通过问询客户、诊断故障、确定故障、实施维修等过程排除车辆故障,然后将车辆交还给总检人员或客户。

学习任务1 汽车故障诊断的基础知识

车辆维修工作操作流程及要求　　　　表1-2

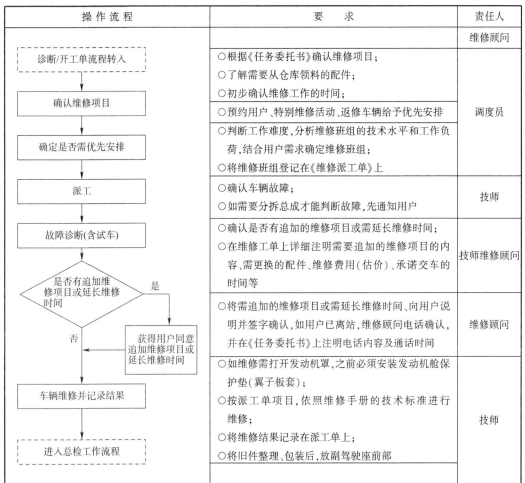

3 汽车故障诊断过程

面对故障我们怎么做？按照表1-2的流程，首先，技师会咨询客户、检验车辆、了解车辆的基本情况，再结合已有的知识和经验进行一次头脑风暴，列出可能引起故障的原因；其次，借助脑图或因果分析图(石川图)整理出各因素之间的因果关系，制订诊断流程，最后根据流程诊断故障并给予排除。图1-1所示是故障诊断基本过程。

图1-1 故障诊断基本过程

1) 头脑风暴

头脑风暴就是激发大脑尽可能多地设想解决问题的方法，把所有可能引起故障的原因都罗列出来，以便进行下一步的分析。例如，照明电路近光灯不亮可能的原因包括蓄电池没电、灯泡烧坏、驾驶员操作不当、导线断路、开关触点腐蚀、灯泡松动、熔丝烧坏或松动等。图1-2为汽车近光灯的简略电路概览图。

头脑风暴的特点就是要思维高度活跃，敢于打破常规的思维，这个过程不仅一定要鼓励大家提出各种问题，哪怕是那些看似匪夷所思的想法，而且要让各种想法在相互碰撞中激起脑海的创造性风暴。

2）故障原因间的因果关系

（1）脑图。

脑图可以帮助建立起信息之间的相互联系，便于分析故障与收集信息。经过头脑风暴所列出的信息是散乱的，利用脑图可以将这些信息整理、归纳、分类。例如，前面提到的近光灯不亮的故障，通过头脑风暴找出了很多可能的原因，经过脑图的帮助就可以把故障的原因归纳整理为五条线索，如图1-3所示。找到了故障可能出现的线索，就可以制订诊断流程，逐条诊断，排除故障。

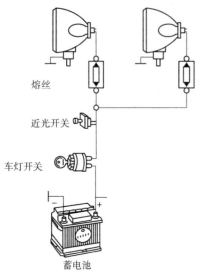

图1-2 汽车近光灯的简略电路概览图

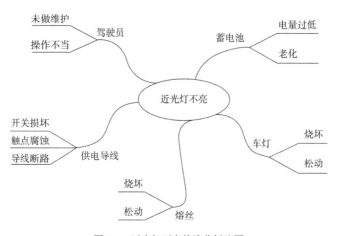

图1-3 近光灯不亮故障分析脑图

（2）因果分析图。

因果分析图也叫石川图，其和脑图一样是用来整理、分类、分析各种信息之间的因果关系。同样是近光灯不亮故障分析，利用因果分析图分析故障可能出现的原因如图1-4所示。

3）故障诊断流程

（1）诊断流程图。

当分析列出可能引起故障的各个因素后，就要对怀疑对象逐个排查，找出故障原因。确定由哪里开始检查就需要设计出一个检查顺序，通常用流程图做这项工作。故障诊断流程图是描述诊断步骤的示意图。图1-5就是根据近光灯不亮因果分析图制订出的近光灯不亮故障诊断流程图。

学习任务1 汽车故障诊断的基础知识

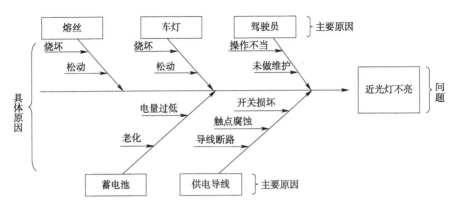

图1-4 近光灯不亮因果分析图

流程图符号的含义如下所示。

"⬭"为起止框,表示开始和结束;

"▭"为执行框;

"◇"为判断框,判断结果"是"或"否";

"——→"为带箭头直线,表示流程走向。

(2)流程制订基本原则。

在制订流程时,诊断步骤的先后顺序通常会遵循"先近后远、先易后难、先外后里、代码优先、顺藤摸瓜"的原则。

先近后远,从故障原因处开始检查;

先易后难,从简单处开始检查;

先外后里,由外围开始检查;

代码优先,最先提取故障码;

顺藤摸瓜,沿着电路、油路等的走向检查。

根据这些原则,在制订流程前必须注意确认之前的头脑风暴、因果分析对车辆故障做出的初步判断是合理的,以便制订出具有针对性的诊断流程。为此,在头脑风暴前首先要做好以下内容。

问:接到故障车后,首先要向客户详细询问车辆的行驶里程、行驶状况、行驶条件、维修情况、故障特点及表现、故障起因等多种情况,掌握故障的初步情况。

看:主要是通过眼睛对整车或相关部位的观

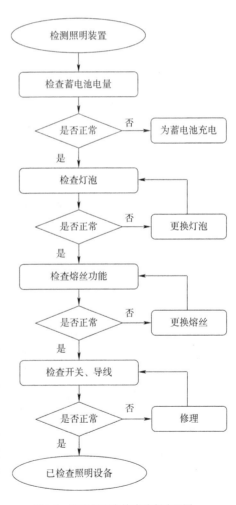

图1-5 近光灯不亮故障诊断流程图

察，发现汽车较明显的异常现象。

听：辨别有无异响，根据异响特征判断故障的部位及原因。

摸：用手触摸整车或相关部位，判断是否有松脱、温度不正常等现象。

闻：辨别各种油、烟、异味等，判断故障部位。

试：通过对汽车及总成进行不同工况的模拟试验，再现并确认故障现象。

大致判断出故障范围后，就可以根据故障现象、经验、技术资料等，参照前面所说的原则制订出故障诊断流程。

二 任务实施

❶ 准备工作

(1) 丰田卡罗拉车辆一台；

(2) 维修资料，丰田卡罗拉照明系统电路图；

(3) 纸、铅笔等绘图工具。

❷ 技术要求与注意事项

(1) 绘制脑图或因果分析图要干净清晰；

(2) 流程图的绘制应包含因果分析的所有结果，不能有遗漏；

(3) 分析原因时应尽可能多地考虑各种因素。

❸ 操作步骤

(1) 咨询车辆远光灯不亮的具体情况；

(2) 查询资料，找出卡罗拉照明系统电路图，分析工作原理；

(3) 分析远光灯不亮故障可能产生的原因并列出；

(4) 分析故障原因并将其分类；

(5) 画出脑图或因果分析图；

(6) 画出流程图确定诊断流程。

三 学习拓展

❶ 汽车故障的诊断方法

根据流程图对各个疑点进行检查判断，最终查明故障原因并予以排除。对诊断部位的功能判别，有些可以通过直接观察就能判断出来，但很多时候我们必须借助一些特殊手段才能检测出问题所在，通常对具体部位零部件的功能检测可以采用以下五种方法。

汽车专用诊断仪，利用汽车故障自诊断系统对故障进行诊断。

仪器测量，利用仪器测量参数，如万用表、四轮定位仪等。

量具测量，利用量具测量尺寸、间隙等，如百分百、千分尺等。

替换，用合格的总成或零部件试替换可能损坏的总成和零部件，对比前后的差异来辨别零件好坏。此方法的前提是替换用的备用件必须是正品且可靠。

局部拆装,局部拆掉某一部分进行功能前后比对来判断零件好坏,如火花塞断火实验。

❷ 汽车诊断参数及诊断标准

汽车故障诊断就是确定汽车技术状况的技术,检测诊断汽车技术状况时,必须选择合适的汽车诊断参数、诊断参数标准和诊断条件。

(1)汽车诊断参数。

汽车诊断参数包括工作过程参数、零件结构或功能参数,是一些可测的物理量。

①工作过程参数。该参数是汽车、总成或机构工作过程中输出的一些可供测量的物理量。例如,制动距离、转速、电压、电流。汽车不工作时,工作过程参数无法测量。

②零件结构或功能参数。该参数表示机构中配合零件之间或独立零件的技术状况,或者是电子元件的功能参数。例如机械零件的配合间隙、自由行程、圆度、圆柱度,电子元件的电阻值、电容量等。

(2)诊断参数标准。

诊断参数标准一般由初始值、许用值和极限值三部分组成。

①初始值。此值相当于无故障新车和大修车诊断的参数值,往往是最佳值,可作为新车和大修车的诊断标准。当诊断参数测量值处于初始值范围内时,表明诊断对象技术状况良好,无须维修便可继续运行。

②许用值。诊断参数测量值若在此值范围内,则诊断对象技术状况虽发生变化,但尚属正常,无须修理,按要求维护即可继续运行,超过此值,应及时修理。

③极限值。诊断参数测量值超过此值后,诊断对象技术状况严重恶化,汽车须立即停驶修理。此时,汽车的动力性、经济性和排放性大大降低,行驶安全得不到保证,有关机件磨损严重,甚至可能发生机械事故。

(3)诊断条件。

不同的测量条件和不同的测量方法,可以得出不同的诊断结果。在测量条件中,一般有温度条件、速度条件、负荷条件等。多数诊断参数的测得需要汽车运行至正常工作温度,只有少量诊断参数可在冷车下进行。除了温度条件外,速度条件和负荷条件也很重要。没有规范的测量条件和测量方法,无法统一尺度,因而测得的诊断参数值也就无法评价汽车的技术状况。所以,要把诊断参数及其测量条件、测量方法看成是一个不可分割的整体。

四 评价与反馈

❶ 自我评价

(1)通过本学习任务的学习你是否已经知道以下问题:

①汽车故障主要分哪两类? _____。

②头脑风暴主要在什么时候用? _____。

③脑图在什么时候使用? _____。

④因果分析图在什么时候使用？_____。
⑤利用因果分析图分析故障产生原因的方法？_____。
⑥检测零件好坏利用替换法时需要注意什么？_____。
(2)制订故障诊断流程过程中会用到哪些技术资料？_____。
(3)在本学习任务的学习过程中，你的任务完成得怎么样？

_____

(4)在本学习任务的学习过程中，你认为自己最需要加强和改进的是什么？

_____。

签名：_____　　　　_____年___月___日

2 小组评价（表1-3）

小组评价表　　　　　　　　　　　　　　　　　　　　　　　　　　　　表1-3

序号	评价项目	评价情况
1	着装是否符合要求	
2	是否能绘制完成脑图（或因果分析图）	
3	是否能制订出故障诊断流程图	
4	是否遵守学习、实训场地的规章制度	
5	是否能保持学习、实训场地整洁	
6	团结协作情况	

参与评价的同学签名：_____　　　　_____年___月___日

五 技能考核标准（表1-4）

技能考核标准表　　　　　　　　　　　　　　　　　　　　　　　　　　表1-4

序号	项目	操作内容	规定分	评分标准	得分
1	咨询客户、初步检查	咨询客户	5分	咨询客户，每提一个问题得1分	
		检查故障现象	5分	操作不准确每项扣1分，操作不当每项扣1分	
2	进行头脑风暴、列出故障可能产生原因	分析工作原理	5分	无法说出工作原理扣5分	
		列出故障可能原因	5分	不全面的扣5分	
		故障分类	5分	分类错误一处扣2分	
3	画脑图（或因果分析图）	画图	30分	遗漏一项扣3分，错误一处扣3分	
4	制订流程图	画图	30分	遗漏一项扣3分，错误一处扣3分	
5	安全生产		5分	有无安全隐患，工作中受伤扣5分，工具、设备损坏扣5分	
6	现场5S		5分	是否做到，工具、设备整理不到位扣5分，工位不清洁整理扣5分	
7	劳动纪律		5分	是否严格遵守，不遵守劳动纪律扣5分	
	总　　分		100分		

学习任务 2　发动机不能起动故障的诊断与排除

 学习目标

 知识目标

1. 了解发动机不能起动的各种故障现象；
2. 掌握发动机不能起动故障原因的分析方法，制订诊断检查流程，正确进行故障部位检查；
3. 熟悉故障诊断排除的安全注意事项；
4. 掌握汽车维修手册的阅读方法。

技能目标

1. 能编制故障诊断流程，并按照流程诊断故障；
2. 能根据诊断结果，参照维修手册排除故障；
3. 能安全规范地完成发动机电子控制系统元器件的检测与更换；
4. 能根据需要使用蓄电池测试仪、汽缸压力表、车辆专用诊断仪、喷油器清洗检查仪。

建议课时

12 课时。

任务描述

小李有一辆2012款丰田卡罗拉轿车，他准备星期天开车去超市买东西，结果发现爱车无法起动。他将钥匙打到起动挡时，起动机能正常运转，但试过几次就是不能起动。小李想知道发动机能转动可为什么又不能起动汽车呢？他想知道原因是什么，怎样才能把这个故障找出来并排除。

一 理论知识准备

车辆不能起动故障的原因有很多,各类车型的控制原理和控制系统也不尽相同,但无论是哪一种车型,分析车辆不能正常起动的原因时,采用的基本方法是一样的。分析车辆故障时,可以先从车辆正常起动应具备什么条件这一问题为切入点,当车辆某一方面的状况无法满足正确的运行条件时,车辆就可能无法起动或运行。

对汽油发动机而言,要想正常、迅速地起动必须具备以下条件。

(1) 发动机转动有力,起动系统正常;

(2) 准确的点火时间和足够的点火能量,点火控制系统正常;

(3) 保证合适的空燃比(空气和燃油的比例),燃油供给系统及进气系统正常;

(4) 汽缸压力足够高,主要取决于发动机的曲柄连杆机构和配气机构这两大机构正常。

1 车辆不能起动的原因分析

在前面提到的发动机正常运转条件具备的情况下,发动机应该都是可以正常起动运转的。当发动机无法起动运转时,往往就是某一个条件没有满足引起的,称之为不能起动故障。车辆无法正常起动可以大致分为起动机转动和不转,发动机有转动迹象又可以分为两类,一是无初始燃烧,即没有任何着火征兆;二是发生间歇性不完全燃烧,即有一定的着火征兆,但始终不能维持在正常的工作范围之内。这两类的具体原因基本相同,只是无初始燃烧时,情况显现更突出,而后者可能是由一些间歇性故障导致的。其他的表现细节无法在这里一一列出,需要在实践中逐步积累。

1) 发动机不能起动故障原因分析图

当汽车出现无法起动的现象后,与起动相关的任何一个环节出问题都可能造成不能起动故障,以发动机转动但汽车无起动迹象为例,利用鱼刺图分析主要的原因(图2-1)。发动机转动但无法起动汽车,说明发动机起动系统没有问题,故障出在其他地方,其可以从点火系统、燃油供给系统及进气系统、控制系统、机械系统几个方面分析故障可能发生部位。因为具体的故障原因很多,同样受篇幅所限,图示只列举出主要部分,详细原因可以根据图中思路一直分析下去。

2) 常见不能起动故障的具体原因

理论上讲与起动汽车有关的任何地方出现故障都可能导致汽车无法起动,但在实际的使用过程中,各个零件的损坏率还是不同的,个别零部件相对更容易出故障,因此维修车辆首先要有总体的分析,但更多关注还是那些故障率高的地方。在无法起动的故障中常见的故障原因主要包括如下方面。

(1) 一般常见故障。

①熔丝熔断、继电器损坏,如触点烧蚀。

②无高压火,例如点火线圈损坏。

学习任务2 发动机不能起动故障的诊断与排除

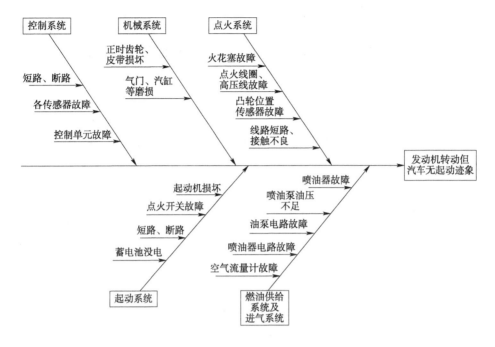

图2-1 发动机不能起动故障原因鱼刺分析图

③燃油压力低,汽油泵工作不正常或堵塞严重,或止回阀关闭不严。
④汽油泵线路短路或断路。
⑤喷油器工作不良。
⑥进气管堵塞或空气流量计后方进气管严重漏气,三元催化转化器堵塞。
⑦机械方面原因:压缩力不足,正时带过松或断裂,发生跳齿故障。
(2)电控方面的一般故障。
①分电器有故障,例如信号线断、同步脉冲信号发生器凸轮轴前端脉冲环脱落、定位端损坏等。
②电子点火控制器有故障(无分电器车辆)。
③空气流量计、节气门元件、压力传感器等有故障。
④喷油器没得到脉冲信号(ECU搭铁不实)。
⑤燃油压力调节器有故障,例如内部膜片破裂,或者燃油泵损坏,无法建立燃油压力。
⑥曲轴位置传感器有故障,例如由于脏污不能产生信号,曲轴位置传感器信号发生器信号不良或者转子掉齿等。
⑦ECU有故障,例如搭铁不良、搭铁线断路、内部短路、电路击穿等。
⑧装配失误,例如油压调节器进油管接成回油管、两个曲轴位置传感器插接件插反(有的车有两个曲轴位置传感器)、凸轮轴位置传感器触发叶轮装反等。

2 故障诊断流程分析

发动机不能起动故障的诊断,在起动系统正常工作的情况下,主要还是从点火系统、燃油供给系统、点火正时或配气相位这三个基本路径进行诊断。这三条路径的诊断没有一成不变的先后顺序,很多时候技师会根据车辆的故障现象(向客户咨询或试车)及经验决定诊断顺序。而一般的诊断会选择下面的顺序。

1) 检查点火系统

一般来讲若有高压火,说明曲轴位置传感器、点火驱动器及点火线圈基本正常。若没有高压火,其影响因素有点火线圈、火花塞、高压线或曲轴位置传感器等。对传感器可采用测量电阻值或工作信号电压的方法来检查,而对点火线圈和高压线可采用换件的方法来检查。

2) 检查油路供给系统

首先判断燃油系统供油情况,可拆下火花塞检查,从火花塞的温度可判断燃油系统是否供油还是供油过多,若供油情况不好,应检查燃油系统的燃油压力。燃油压力过低会造成喷油量太少,导致发动机不能起动。若燃油压力过低,此时应对汽油泵、燃油压力调节器进行检查。

检查中,若发现喷油器不喷油,但高压电路和油箱存油都正常时,应打开点火开关,起动发动机,并在起动时用手触摸燃油泵的管线,监听汽油泵的工作声音,如果没有声音就是燃油泵不工作。如果燃油泵不工作,用试灯或万用表检测燃油泵的火线是否有电,以确定故障是由燃油泵损坏引起的还是由电路故障引起的。

检查喷油器,可在发动机运转时进行。在发动机运转时,利用经验逐个查听喷油器是否有喷油声音。如果有喷油声音,说明喷油器性能良好,如果高压油管喷油稳定,喷油器火线电压又正常,但喷油器仍不喷油,可以判定故障出在喷油器上。最终各个零部件的工作状况应该用专用的仪器、仪表检查确认。

3) 检查和调整点火正时或配气相位

如果油路电路均正常,则应对点火正时进行检查。有时发动机不能起动是由于配气相位问题所致,这方面检查应放在最后进行。

以上三条路径是我们故障诊断所遵循的基本路径,根据这个基本路径可以设计出发动机不能起动的故障诊断基本流程如图2-2所示。

3 卡罗拉2ZR发动机相关资料

针对本次任务故障车辆的具体情况,查阅相关资料,显示发动机型号为2ZR,如图2-3所示。

该型号发动机部分电喷控制电路如图2-4所示。

1) 丰田卡罗拉2ZR发动机不能起动的故障原因分析

以本章任务描述发动机有转动但汽车无起动征兆,根据丰田卡罗拉2ZR发动机电子控制系统的特征,分析该款发动机不能起动的具体原因。

(1) ECM电源电路故障。

学习任务 2 发动机不能起动故障的诊断与排除

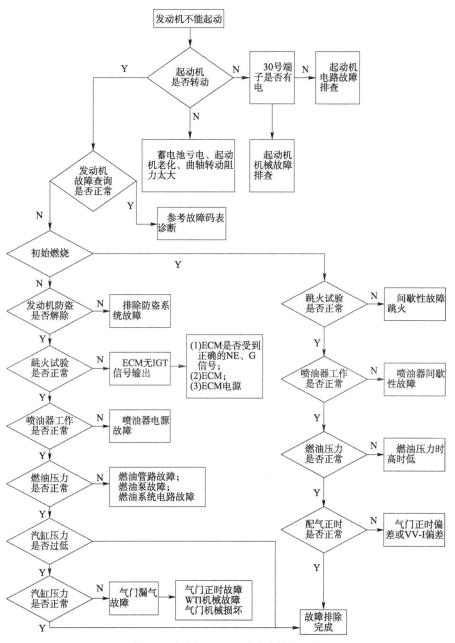

图 2-2 发动机无法起动故障诊断流程图

图 2-3 故障车辆铭牌

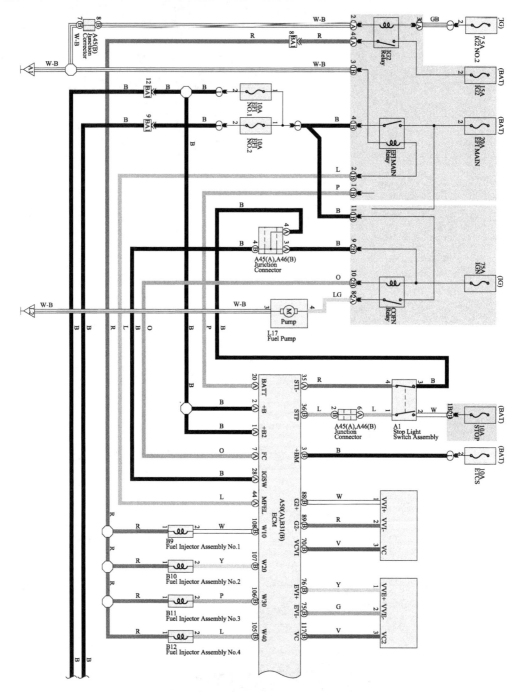

图 2-4 发动机电喷控制电路

ECM 电源电路是指为了保证 ECM 的正常工作,而对其提供的电源电压。对于现代轿车,其都采用电子控制燃油喷射系统。ECM 是整个控制系统的核心,发动机的点火及喷油都受其控制,ECM 不能正常工作将导致车辆无点火、无喷油,从而不能起动发动机。ECM 要正常工作的条件除本身无故障以外,很重要的一点是要能保证其工作所必需的电源电压。图 2-5 所示丰田 IZR 发动机 ECM 电源电路图。当点火开关置于 ON 位置时,蓄电池

学习任务2　发动机不能起动故障的诊断与排除

电压被施加到ECM的端子IGSW上。ECM的MREL端子的输出信号使电流流向线圈,闭合集成继电器(EFI MAIN继电器)触点并向ECM的端子+B或+B2供电。

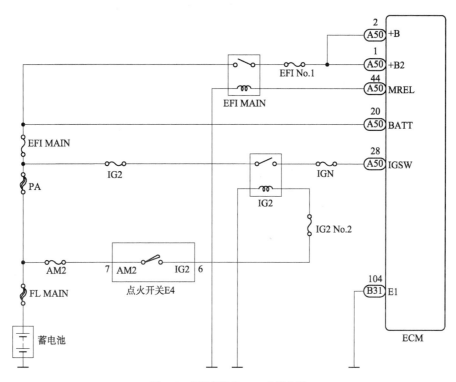

图2-5　丰田卡罗拉ECM电源电路

这一系统出现故障后将导致整个电控单元不工作,维修检测人员无法通过智能诊断仪(解码器)和其通信,同时由于缺少向电子风扇控制单元输出的信号,因此,在水温条件不满足的情况下,会出现风扇常转的现象。该现象可简单概括为在冷机状态下,打开点火开关,发动机故障指示灯不亮(注:在发动机故障指示灯系统无故障的情况下,下同),风扇常转。

在这一系统的故障中,ECM本身出现故障的概率较低,主要是其控制线路出现故障,而我们在排除故障的过程中总是本着先简后繁的原则。所以这一块故障的检查首先是检查相关熔断丝及继电器,再检查相关线路及元件。

(2)VC输出电路故障。

丰田车在不能起动的故障原因中,VC输出电路的故障为其中之一。ECM持续将端子+B(BATT)上的蓄电池电压转换为5V电源。ECM同时通过VC输出电路将该电源提供至传感器。VC电路短路时,ECM中的微处理器和通过VC电路获得电源的传感器由于没有从VC电路获得电源而不能运行。

VC输出电路牵涉的传感器主要包括进气侧凸轮轴位置传感器、排气侧凸轮轴位置传感器、节气门位置传感器、加速踏板位置传感器等。这些传感器本身或其线路中如果存在短路故障时,系统不能起动,且即使系统出现故障时,故障指示灯也不点亮。正常状态下,点火开关首次置于 ON 位置时,故障指示灯亮起应达几秒钟。

(3)曲轴位置传感器故障。

对于现代轿车,曲轴位置传感器提供的信号,是发动机正常运行的一个主控信号,发动机 ECM 根据曲轴位置传感器提供的信号,来控制点火和喷油。若缺少该信号,将导致发动机无法运行,在起动过程中缺少该信号,发动机将无法起动。

(4)燃油泵控制电路故障。

燃油泵为发动机正常工作提供一定压力、一定流量的燃油,通常发动机 ECM 通过控制油泵继电器的线圈搭铁端来控制油泵的工作,该系统电路中经常出现故障的部位一般为油泵熔断丝、油泵继电器及油泵本身。

(5)点火系统故障。

点火系统经常出现的故障为单缸断火或多缸不点火。对于单缸断火,通常不会导致发动机不能起动;多缸或全部缸不点火会使发动机无法起动,而对于点火系统来说,出现多缸或全部缸不点火的原因主要存在于其控制电路部分。

(6)喷油器电路故障。

喷油器的控制电路和点火系统相似,同样对于不能起动故障来说,原因多为多缸或全部缸不工作。重点检查喷油器的控制电路,在该控制电路中喷油器的电源同样由蓄电池经过熔断丝 IG2 及继电器 IG2 控制。信号线受 ECM 控制。ECM 在接收不到点火反馈信号时,也将停止喷油。

2)故障诊断流程

按照前述故障分析以及流程框图的分析,初步确定故障诊断操作基本流程。

(1)起动发动机试车;

(2)检测相关熔断丝和继电器;

(3)连接解码仪,起动时读取发动机数据流,查看各相关参数;

(4)检查该车火花塞,对该车辆做跳火试验;

(5)检查喷油器;

(6)检查燃油压力;

(7)检查汽缸压力。

二 任务实施

1 准备工作

(1)将故障的实训车辆停放在检测区域。

(2)检查实训室通风系统设备工作是否正常。

(3)准备车辆挡块、翼子板布、三件套、维修手册、充电机、万用表、LED 试灯、发动机故障检测仪等教学用具。

2 技术要求与注意事项

(1)起动发动机前,应全面检查车辆的油、水、电,检查相关电路的连接情况是否良

学习任务 2　发动机不能起动故障的诊断与排除

好。起动机电路的导线应该符合要求,而且要求导线连接牢靠,各接头无明显的氧化和腐蚀。

(2)起动发动机前,应检查蓄电池电量是否足够。严禁使用放电过多的蓄电池来起动发动机,车上的蓄电池应该经常保持电量充足的状态,否则会使起动机动力不足甚至无法起动。

(3)起动发动机前,应在车轮相应位置放置车辆挡块,并将变速器挡位置于空挡或者驻车挡,拉紧驻车制动。

(4)起动发动机时,每次起动机接通时间不得超过5s,若继续再次起动,应停歇10~15s;假如连续三次以上不能起动发动机,应在检查起动机电路没有故障的情况下,停歇5min以上再进行。

(5)发动机起动后,应立即松开起动开关(点火开关),使起动机停止工作,并让驱动齿轮从飞轮齿圈即时退出,以减小单向离合器不必要的磨损。

(6)在连接或者断开发动机故障检测仪之前,点火开关必须处于完全关闭状态。

3　操作步骤

(1)与客户交流,记录车辆信息并建立联系。

给客户的第一印象,对于将来建立与客户之间的关系有重要意义。客户咨询的所有阶段都要求维修人员有系统的知识、良好的谈话技巧以及记录对维修有价值的信息。

(2)起动前检查。

全面检查车辆的油、水、电,检查相关电路的连接情况是否良好,如图2-6所示。重点工作包括:

①检查蓄电池电压,正常;测量蓄电池电量,正常。

②检查蓄电池极桩电缆连接,连接良好无松动,接触面无明显氧化。

(3)车辆故障确认。

运用专业知识和技能,确认车辆确实存在客户反映的故障现象。

①将变速器挡位置于空挡或者驻车挡,拉紧驻车制动,并在相应车轮放置车辆挡块,然后起动发动机,如图2-7所示。

②留意起动机的运作情况,并记录观察到的相关故障现象。

(4)故障检测。

根据该车型的维修手册和电路图,进一步了解相关系统的结构特点,分析其工作原理。结合故障车辆的具体故障现象,综合分析,制订工作计划,然后按照计划逐步实施检测、维修。

①在点火开关完全关闭的情况下,连接发动机故障检测仪和诊断接口。

②操作发动机故障检测仪,查看ECU有无存储发动机故障码,查看相关数据流并记录,如图2-8所示。

③根据诊断仪检测结果,结合该车电控系统结构和工作原理,进行故障分析。

④检查相关熔断丝。

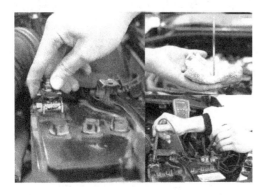

图2-6　全面检查油、水、电的基本情况

图2-7　拉紧驻车制动并放置车辆挡块

⑤检查火花塞使用情况,并做跳火试验,如图2-9所示。

图2-8　查看相关数据流程

图2-9　火花塞跳火试验

⑥将点火开关打到START位置并保持,利用听诊器察听所有喷油器有无动作声,如图2-10所示。

⑦关闭点火开关,将各缸喷油器插头拔开,用万用表测量各喷油器线圈电阻,如图2-11所示。

图2-10　利用听诊器察听喷油器

图2-11　用万用表测量喷油器线圈电阻

⑧将点火开关打到START位置并保持,利用LED试灯检测各缸喷油器的控制线,留

意 LED 试灯能否正常闪亮,如图 2-12 所示。(起动机运转时,正常情况下 LED 试灯应闪亮。)

⑨将点火开关打到 ON(Ⅱ)位置,用试灯测量喷油器插接器的电源端,判断有无正常供电,如图 2-13 所示。(将点火开关打到 ON(Ⅱ)位置,正常情况下试灯应长亮。)

图 2-12 试灯检测喷油器的控制线应闪亮　　图 2-13 试灯检测喷油器插接器的电源应常亮

⑩根据维修手册,查找并检查熔断丝盒下给喷油器供电的 A1 插接器、线路及线路中间的 BA1 插接器,如图 2-14 所示。

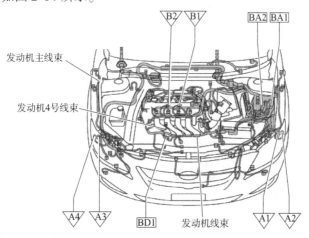

图 2-14 插接器位置图

(5)故障排除。

根据检测结果,结合实际情况,运用适当的处理方法,排除车辆故障。

①利用合适工具将生锈的触点撬出,除锈处理,重新连接并确保接触良好,如图 2-15 所示。

②将故障排除过程中拆检的相关零部件,逐一复原。

(6)完工检查。

对已经排除故障的车辆进行检查,确保车辆相关系统零部件安装到位,并能良好工作,确保该系统不存在其他故障现象。

①检查起动系统各部件安装是否到位,各线束、插接器是否连接良好。

②起动发动机,检查能否顺利起动。

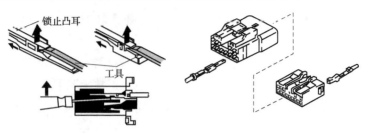

图 2-15 拆解插接器

③检查发动机故障指示灯有无点亮,发动机运转状况是否平稳,如图 2-16 所示。

④利用发动机检测仪,检测发动机电控系:是否储存故障码,查看发动机数据流检查有无异常,如图 2-17 所示。

图 2-16 通过观察转速表观察发动机转速

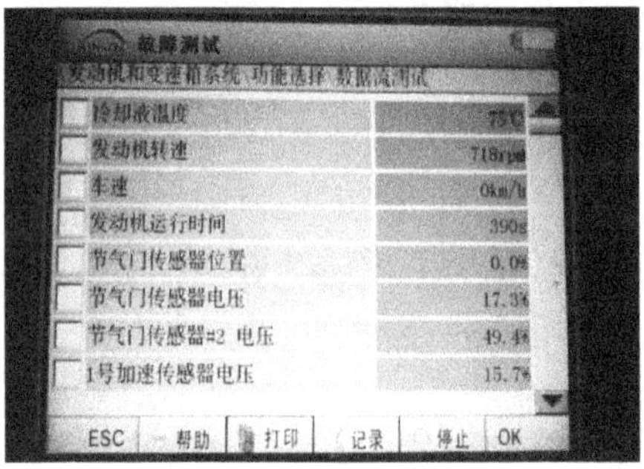

图 2-17 通过检测仪查看发动机数据流

(7)结束工作。
①按照 5S 整理,如图 2-18 所示;
②完成相关工作页。

图 2-18 5S 管理

4 参考故障诊断与排除过程

需要说明故障诊断流程并非一成不变,实际的流程往往会根据经验先从故障率高的地方入手,每个技师设计的流程可能会不同。本任务的故障诊断流程及排除方法仅作为参考。

(1)将点火开关打到 START 位置时,感觉起动机运转有力,测量蓄电池电压、电量,正常。

(2)根据电控电路,检测相关熔断丝和继电器,正常。

(3)连接解码仪,检测发动机 ECU,没发现故障码;起动时读取发动机数据流,查看各相关参数,没发现异常。

(4)检查该车火花塞,正常;对该车辆做跳火试验,跳火良好。

(5)将点火开关打到 START 位置并保持,利用听诊器听喷油器的动作声。经检查,发现该车 4 个喷油器都不能正常动作。

学习任务2 发动机不能起动故障的诊断与排除

(6)关闭点火开关,将各缸喷油器插头拔开。用万用表测量各喷油器线圈电阻,正常;将点火开关打到START位置并保持,利用LED试灯检测各缸喷油器的控制线,LED试灯闪亮,正常;将点火开关打到ON(Ⅱ)位置,测量喷油器插接器的电源端,发现4个喷油器的电源端没有供电。

(7)根据维修手册,查找到熔断丝盒下供电给喷油器的A1插接器。拔出A1插接器,测量4号端子到喷油器供电端之间的电阻,发现电阻无穷大,不正常。根据线路图和零部件位置图,拔出BA1插接器,发现里面的端子腐蚀生锈,导致触点接触不良,电流不能通过。

(8)触点除锈处理,重新连接,发动机可以顺利起动。经试车检查,故障排除。

三 学习拓展

前面提到了车辆无法正常起动,表现上可以大致分为起动机转或不转两类,那么另一种情况起动机不转引起的发动机无法起动故障怎样诊断呢？比如,一位客户的卡罗拉汽车,试车时将钥匙打到起动挡时,起动机不转且无打齿声音,但可以听到起动继电器吸合的声音,这就是典型的第二类故障。

1 起动机不转故障诊断流程

根据前面所述,如果是起动机没有转动的故障,首先判断故障可能在起动系统上。卡罗拉2ZR发动机起动系统电路图如图2-19所示。

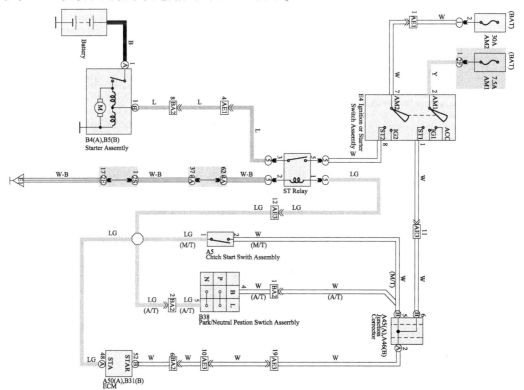

图2-19 2ZR发动机起动系统电路

该发动机起动系统的工作线路主要是：

（1）蓄电池→熔断器 AM1→点火开关 E4/AM1→点火开关 E4/ST1→挡位开关 B88（P/N）→起动继电器 ST/1→起动继电器 ST/2→搭铁。这条线路防止挂入挡位时误起动。

（2）蓄电池→熔断器 AM2→点火开关 E4/AM2→点火开关 E4/ST2→起动继电器 ST/5→起动继电器 ST/3→起动机 B→搭铁。这是起动电机控制电路。

（3）蓄电池→起动机 A→起动机电动机→起动机 C 端子→搭铁。这是起动机工作电路。

以上三条线路也就是故障诊断的三条基本路径，设计诊断流程可以初步确定，由蓄电池开始沿电流方向至起动机逐个检查，下面为基本诊断检查顺序：

（1）检查蓄电池电压、电量；

（2）检查蓄电池极桩电缆连接接触面；

（3）检查熔断器 AM1 和 AM2，以及插接情况；

（4）检查起动机控制线路；

（5）检查起动继电器；

（6）检查起动机。

❷ 参考故障诊断与排除过程

该故障诊断与排除准备工作和技术要求、注意事项等可以参照上一个案例制订。实际故障的诊断与排除过程是：

（1）检查蓄电池电压，正常，测量蓄电池电量，正常；

（2）检查蓄电池极桩电缆连接，连接良好无松动，接触面无氧化；

（3）查看电路图（如下所示），先从起动线路上分析，用万用表测量控制供电端的两个保险丝 AM1 和 AM2，数据正常，插接也没问题；

（4）利用试灯，测量起动机的 +B 端，试灯点亮，正常，将点火开关打到 START 挡位并保持，测量起动机的控制端，试灯不能点亮；据此分析，起动机的控制线路有故障；

（5）根据维修手册的零部件位置图，找到位于 5 号继电器盒内的起动继电器，关闭点火开关后将继电器拔出，将点火开关打到 START 挡位并保持，用试灯测试继电器插座的 5 号端子插孔，试灯点亮，正常，用万用表测量继电器插座 3 号端子插孔与起动机控制端电阻，电阻为 0Ω，正常；

（6）利用线束，通电测量已经取下的起动继电器，通电时，继电器能正常闭合，继电器通电闭合时用万用表测量 3 号端子和 5 号端子的导通性，发现不能导通，据此，可以判断该起动继电器里面的触点在闭合后不能正常导通，估计是触点接触不良；

（7）更换起动继电器，故障排除。

四 评价与反馈

❶ 自我评价

（1）通过本学习任务的学习你是否已经知道以下问题：

学习任务2 发动机不能起动故障的诊断与排除

①描述发动机无法起动的各种故障表现。
_____。

②车辆无法起动的常见故障点在哪里？
_____。

③对汽油发动机而言,要想正常、迅速地起动,必须具备哪些条件？
_____。

④利用鱼刺图分析故障产生的原因。
_____。

⑤写出故障诊断的流程图。
_____。

(2)诊断与排除故障过程中,用到了哪些专用工具和设备？
_____。

(3)实训过程完成情况如何？
_____。

(4)通过本学习任务的学习,你认为自己的知识和技能还有哪些欠缺？
_____。

签名:_____　　____年___月___日

❷ 小组评价(表2-1)

小组评价表　　　　　表2-1

序号	评价项目	评价情况
1	着装是否符合要求	
2	是否能合理规范地使用仪器和设备	
3	是否按照安全和规范的流程操作	
4	是否遵守学习、实训场地的规章制度	
5	是否能保持学习、实训场地整洁	
6	团结协作情况	

参与评价的同学签名:_____　　____年___月___日

❸ 教师评价

_____。

教师签名:_____　　____年___月___日

五 技能考核标准

根据个人完成工作任务的情况进行操作过程的考核。鼓励学生独立操作完成工作任务,培养学生独立思考的习惯,训练学生的操作技能,提高其综合素质。教师应根据考核表的每个项目对学生的操作过程进行客观评价,并向学生提出工作改进的意见。表2-2

为技能考核标准表。

技能考核标准表　　　　　　　　表2-2

项目	序号	操作内容	规定分	评分标准	得分
发动机无法起动故障诊断	1	与客户交流,记录车辆信息并建立联系	5分	记录信息完整、全面,不得缺项,缺一项扣1分	
	2	起动前准备	5分	各种工具、仪器准备,缺一项扣1分	
	3	起动前检查	5分	检查项目完整,不得缺项,缺一项扣2分	
	4	车辆故障确认	5分	操作安全得当,记录完整;	
	5	故障检测	40分	流程制订合理5分; 仪器、工具应用正确5分; 检测结果正确10分; 数据记录完整10分; 故障判断正确10分	
	6	故障排除	20分	排除方法得当10分; 操作合理5分; 安装动作规范5分	
	7	完工检查	10分	确保车辆相关系统零部件安装到位4分; 发动机运转平稳2分; 故障指示灯不亮2分; 发动机数据流检查无异常2分	
	8	5S整理	10分	5S每一项2分	
		总　　分	100分		

学习任务 3　发动机怠速不稳故障检修

 学习目标

 知识目标

1. 了解发动机怠速不稳的故障现象及故障类型；
2. 掌握发动机怠速不稳的故障原因；
3. 掌握发动机怠速不稳故障的检修方法及诊断步骤。

 技能目标

1. 能正确选择和使用发动机检修设备(如故障诊断仪、燃油压力表、万用表等)，完成发动机怠速故障的检测，并能对检测数据进行正确分析；
2. 能按照故障检修计划及步骤，排除发动机怠速不稳的故障。

 建议课时

10 课时。

 任务描述

小刘家里有一辆桑塔纳 2000GSI 轿车，近来他爸爸开车时，发觉发动机怠速抖动厉害，甚至有时会熄火。小刘想维修好父亲的汽车，却不知如何进行。因此，他需要学会查找发动机怠速不稳的原因，学习发动机怠速不稳的故障排除方法。

一　理论知识准备

发动机怠速时的转速被称为怠速转速。一般来讲，怠速转速以发动机不抖动时的最低转速为最佳。不同型号的发动机,其怠速转速值是有不同的范围的,如桑塔纳轿车发动机怠速转速值为(850±50)r/min。当怠速转速低于或超过规定的范围时,发动机就可能出现阶段熄火、转速不稳等现象。一旦出现这些现象时,我们应及时检查发动机,判断原因并排除故障。

❶ 发动机怠速不稳的确定

(1)观察发动机缸体抖动程度,或者观察机油尺把晃动的程度。平稳的发动机,观察机油尺把是很清晰的;而抖动的发动机,其机油尺把看起来是有重影的。

(2)观察发动机转速表或数据块。若转速以怠速期望值为中心左右大幅抖动,或在期望值一侧剧烈抖动,则发动机怠速不稳。在这里,怠速期望值应包括标准怠速值、负荷(打开灯光,自动变速器挂上挡等)怠速值、空调怠速值、暖车怠速值等。

(3)原地起动发动机,坐在座椅上感觉车身剧烈抖动。

❷ 发动机怠速不稳的故障类型

1)按出现规律分类

(1)冷车(冷却液温度低于50℃)有节奏的抖动;

(2)热车(冷却液温度高于50℃)有节奏的抖动;

(3)无规律的剧烈抖动。

2)按抖动程度分类

(1)正常,在怠速期望值±10r/min范围内抖动;

(2)一般不稳,在怠速期望值±20r/min范围内抖动;

(3)严重不稳,超过怠速期望值±20r/min抖动;

(4)在怠速期望值的一侧剧烈抖动。

3)按原因关联分类

(1)直接原因:指由于机械零件脏污、磨损、安装不正确等,导致个别汽缸功率的变化,从而造成各汽缸功率不平衡,致使发动机出现怠速不稳。

(2)间接原因:指发动机电控系统不正常,其主要由于传感器信号不正确或者电脑本身的故障,对执行元件发出错误的指令,干预了执行元件,导致发动机工作不正常,从而引起怠速不稳。

4)按故障系统分类

(1)进气系统;

(2)燃油系统;

(3)点火系统;

(4)发动机机械结构。

❸ 发动机怠速不稳的原因

1)进气系统故障

(1)进气歧管或各种阀泄漏。当不该进入的空气、汽油蒸汽、燃烧废气进入到进气歧管,造成混合气过浓或过稀,使发动机燃烧不正常。若漏气位置只影响个别汽缸时,发动机则会出现较剧烈的抖动,对冷车怠速影响更大。常见原因有:进气总管卡子松动或胶管破裂;进气歧管衬垫漏气;进气歧管破损或其他机件将进气歧管磨出孔洞;喷油器 O 型密封圈漏气;真空管插头脱落、破裂;曲轴箱强制通风(PCV)阀开度大;活性炭罐阀常开;废气再循环(EGR)阀关闭不严等。

(2) 节气门和进气道积垢过多。节气门和周围进气道的积炭、污垢过多,空气通道截面积发生变化,使得控制单元无法精确控制怠速进气量,造成混合气过浓或过稀,使燃烧不正常。常见原因有:节气门有油污或积炭;节气门周围的进气道有油污、积炭。

(3) 怠速空气执行元件故障。怠速空气执行元件故障导致怠速进气量控制不准确。常见原因有:节气门电机损坏或发卡。

(4) 进气量失准。怠速进气量的失准属于间接原因。当各种传感器(例如氧传感器、霍尔信号传感器等)有故障,信号不正常,ECU 接收到错误的信号便发出不正常的指令,错误地干预节气门的开度,造成燃烧不正常,致使怠速失准。常见原因有:节气门位置传感器故障;节气门怠速开关故障;进气温度传感器故障;冷却温度传感器故障;ECU 故障等。

2) 燃油系统故障

(1) 喷油器故障。喷油器的喷油量不均、雾状不好,会造成各汽缸发出的功率不平衡。常见原因有:喷油器堵塞、密封不良,喷出的燃油成线状等。

(2) 燃油压力故障。油压过低,使喷油器喷出的燃油雾化状态不良或者喷出的燃油成线状,严重时甚至喷出油滴,导致喷油量减少,使得混合气过稀;油压过高,实际喷油量增加,则使混合气过浓,燃烧也不正常。油压过低常见原因有:燃油滤清器堵塞,燃油泵滤网堵塞,燃油泵泵油能力不足,油泵安全阀弹簧弹力不足等。油压过高原因有:进油管变形,油压调节器故障,油管压瘪导致堵塞等。

(3) 喷油量失准。当各传感器或线路故障时,会导致控制单元发出错误指令,使喷油量不正确,造成混合气过浓或过稀,此类因素属于怠速不稳的间接原因。具体原因有:空气流量计(或进气歧管压力传感器)故障;节气门位置传感器故障;节气门怠速开关故障;冷却液温度传感器故障;进气温度传感器故障;氧传感器失效;或者以上传感器的线路有断路、短路等故障;或发动机控制单元插头因进水接触不良、电脑内部故障。

3) 点火系统故障

(1) 点火模块与点火线圈故障。现在很多汽车的点火模块与点火线圈都是制成一体的,当点火模块或点火线圈有故障时,主要表现为高压火花弱或火花塞不点火。常见原因有:点火触发信号缺失;点火模块有故障;点火模块供电或搭铁线的连接松动、接触不良;初级线圈或次级线圈有故障等。

(2) 火花塞与高压线故障。火花塞、高压线故障会导致火花能量下降或失火,使发动机工作不正常。常见原因有:火花塞间隙不正确;火花塞电极烧蚀或损坏;火花塞电极有积炭;火花塞磁绝缘体有裂纹;高压线电阻过大;高压线绝缘外皮或插头漏电;分火头电极烧蚀或绝缘不良等。

(3) 点火提前角失准。多是因传感器及线路故障,使控制单元发出错误指令,造成点火提前角不正确,或造成点火提前角大范围波动。具体原因有:空气流量计或进气压力传感器故障;霍尔信号传感器故障;冷却液温度传感器故障;进气温度传感器故障;爆震传感器故障;或者以上传感器的线路有断路、短路等故障;或发动机控制单元因进水引起插头接触不良、内部电路损坏。

4)机械结构故障

(1)配气机构故障。配气机构的故障导致个别汽缸的功率下降过多,使各汽缸功率不平衡,从而造成发动机怠速不稳。常见原因有:正时皮带安装位置错误,使各缸气门的开闭时间发生变化,导致配气相位失准;气门工作面与气门座圈积炭过多,气门密封不严,使各汽缸压缩压力不一致;凸轮轴的凸轮磨损,各缸凸轮的磨损不均匀导致各汽缸进气量不一致;或者气门相关件有故障,例如气门推杆磨损或弯曲,摇臂磨损,气门卡住或漏气,气门弹簧折断等。

另外,装有液压挺杆的发动机,在通往汽缸盖的机油道上安装了一个泄压阀,当压力高于300kPa时,该阀会打开。如果该阀堵塞,则造成压力过高使液压挺杆伸长过多,导致气门关闭不严,也会使发动机怠速不稳。

(2)发动机体、活塞连杆机构故障。这些故障都会使个别汽缸功率下降过多,从而使各汽缸功率不平衡,造成发动机抖动。常见原因有:汽缸衬垫烧蚀或损坏,造成单缸漏气或两缸之间漏气;活塞环端隙过大、对口或断裂,以及活塞环失去弹性;活塞环槽内积炭过多;活塞与汽缸磨损,使得汽缸圆度、圆柱度超差;因汽缸进水后导致的连杆弯曲,改变压缩比;燃烧室积炭会改变压缩比,积炭严重时导致怠速不稳。

(3)其他原因。曲轴、飞轮、曲轴皮带轮等转动部件动平衡不合格,发动机支脚垫断裂损坏,发动机底护板因变形与油底壳相撞击等,都会造成发动机振动。但是这些原因不会影响到发动机的转速变化,比较容易诊断。

5)其他原因

三元催化器堵塞引起怠速不稳,这种故障在高速行驶时较易发现。自动变速器、空调、转向助力器有故障会增加怠速负荷,引起怠速不稳。发动机控制单元与空调、自动变速器控制单元之间的怠速提升信号中断,在安装CAN-BUS的车辆中存在总线系统故障。随着新技术、新结构的增加,引起怠速不稳的因素会更多,诊断时必须全面考虑问题。

二 任务实施

1 准备工作

(1)将实训车辆停放在检测区域。

(2)检查实训室通风系统设备工作是否正常。

(3)准备发动机故障诊断仪、燃油压力表、万用表以及其他常用检测工具,准备汽车维修手册、车辆挡块、三件套等教学用具。

2 技术要求与注意事项

(1)进气系统检修要求及注意事项。

①发动机的机油尺及机油加注口盖应安装良好。

②进气软管应无破裂现象。

③真空软管应无破裂、扭结、插错现象。

④喷油器密封垫应完好并安装牢固可靠。

(2)燃油系统检修要求及注意事项。

①燃油管及接头处应无破裂、挤伤、渗漏等现象。

②发动机熄火后,起动燃油泵,测量静态燃油压力一般应在245kPa(车型不同,其标准值也不同)。然后夹住回油软管,燃油管内压力应上升到390kPa。在这一状态下,仔细检查燃油系统各部位有无泄漏。注意:只能用合适的夹子夹住回油软管,不能折弯软管卡住回油,否则可能会折裂回油软管。

③静态油压测量后,过5min后再观察油压表指示的油压(即系统保持压力),其值应不低于147kPa。

④拆卸油管时,由于喷油管中存在余压,会有大量燃油溢出。因此拆卸前应先泄压,可将燃油泵电源线断开,再起动发动机,直至发动机自然停止工作,此时油路中油压已泄至安全压力。同时拆卸油管时,应注意用棉纱擦净油滴,以防止检修电器时发生危险。

⑤组装燃油回路零部件时,所使用的各种垫片应换用新件,特别是喷油器上的O形密封垫圈,不能重复使用。当各接头需涂润滑油时,应涂一层薄层汽油,不能涂抹机油、钙脂等其他润滑油;接头的拧紧力矩也应符合规定。

⑥电动燃油泵损坏后一般无法代用或修复,必须更换专用的电动燃油泵。

⑦故障判断要慎重,应注意与点火系统、排放控制系统等故障加以区别。

⑧检查喷油器时,要先了解喷油器是高电阻型还是低电阻型的。对于高电阻型(电阻一般为12~14Ω)的,可直接接蓄电池来进行喷油器喷油性能的检查;但是对于低电阻型(电阻一般只有2~3Ω)的,则不可采用这种方式检查,否则电流过大会烧坏喷油器。检查时,必须采用专门的连接器与蓄电池连接,如果采用普通导线连接,则需串联一个8~10Ω的电阻。同时避免在喷油器线圈两端长期施加蓄电池电压。

(3)电控系统检修注意事项。

①拆卸传感器和信号开关前,应先将点火开关置于OFF位置。

②当需拆下电池的负极搭铁线时,应向车主主动询问有无防盗系统,若有,请其提供防盗密码。若车主不知道防盗密码,但又必须更换蓄电池时,应使用应急电池,先将其并联在车上,再拆下车上的电池。否则拆下蓄电池的负极搭铁线后,发动机ECU将会丢失存储的信息,甚至因误操作使发动机自动锁死。

③特别注意电池的正、负极不可接反。

④严禁使用起动电源,以免过大的起动电流,对发动机ECU及其他电子元件造成损坏。用其他蓄电池辅助起动时,应先将点火开关置于OFF位置,在连接搭铁线。起动时不可猛踩加速踏板,在车身上使用电弧焊时,应先断开蓄电池负极搭铁线。

⑤严禁使用高压水冲洗发动机舱,以免造成短路。

⑥检测控制系统中输入或输出信号时,不可使用本车灯泡作试灯。可用330Ω的电阻串联一个发光管自制试灯。

⑦使用万用表检测发动机时,保证万用表的内阻大于10Ω。

⑧不可用刮火的方法来检查发动机的点火系统。

⑨检测发动机 ECU 时,应做好自身静电的消除工作。

3 操作步骤

发动机怠速不稳故障诊断与排除流程如图 3-1 所示。

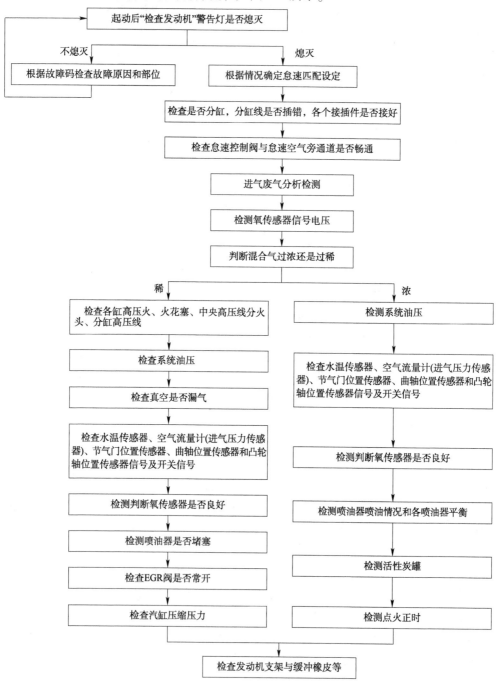

图 3-1 发动机怠速不稳的故障诊断与排除程序

学习任务3　发动机怠速不稳故障检修

(1) 询问车主。

接车后应先向车主了解：

①最早出现怠速不稳的时间；

②怠速不稳时的发动机温度；

③该车行驶里程；

④车主经常驾驶的道路和习惯；

⑤该车维护情况；

⑥该车维修历史；

⑦该车是否加装设备。

通过以上了解可对怠速不稳有初步判断，缩短检查时间，避免在检修时做无用功。

(2) 外观检查。

首先安装好座椅套、转向盘套、换挡杆套、脚垫等，确认驻车制动可靠实施及车辆挡块可靠安放。然后打开发动机罩进行检查：观察发动机运转情况及抖动程度，同时观察发动机转速表指针的摆动幅度，是否偏离怠速期望值；区别是正常怠速抖动，还是负荷怠速抖动(打开空调、灯光、挂入挡位、打转向盘等)；观察发动机外部机件是否有异常；检查真空管有无脱落、破损，电线插接器有无松脱，是否存在漏油、漏水、漏气、漏电的四漏现象；观察排气管是否有"突、突"(说明燃烧不好)、冒黑烟、有生汽油味等不正常现象；检查节气门拉线是否调整合适。

(3) 连接诊断仪，查询并分析故障码。

正确连接发动机诊断仪后，就可进行读码工作，过程包括读码(永久性、偶发性故障码都要记录)——清码——运行(此时要再现故障发生的条件)——再读码，如此可减少误判现象。在此实训车上，我们先是查询到3个故障码，分别是：01165——节气门控制单元J338基本设置错误；00533——怠速调节超过自适应界限；00668—30号线电压太低SP。再次清除故障码后，用"基本设置功能"对节气门控制单元进行匹配，显示匹配成功后，退出该系统。再次试车，发现怠速依然不稳，重新进入系统查询故障码，显示该系统正常，无故障记录。

(4) 阅读分析数据块。

数据块可以提供发动机运转中的实时数据，通过对那些不正确的数据进行分析，继而查找出故障的原因。对于怠速不稳现象，我们要读的数据主要有：发动机转速、节气门开度、发动机工况、怠速空气流量学习值、怠速空气调节值、吸入空气量、点火提前角、氧传感器信号电压、冷却液温度、进气温度等。表3-1所列为故障车辆的发动机数据流。

发动机数据流　　　　表3-1

发动机转速	节气门开度	点火提前角	冷却液温度	进气温度
650r/min	2°	4°~8°	85℃	34℃
燃油调整	进气量	氧传感器信号电压	发动机负荷(喷油脉宽)	
25%	3.1g/s	0.1~0.2V	2.2ms	

通过所测数据分析：可能是燃油供油压力过低、喷油器堵塞或进气管道有漏气。

(5) 检测。

检测的原则是从电到机、从简到繁。可以按电控系统、点火系统、进气系统、燃油系统、发动机机械部分的顺序进行。在此,根据故障现象、故障码内容、数据块数值确定检测燃油系统。燃油系统的检测常用到燃油压力表、喷油器检测清洗仪等设备。首先连接好燃油压力表测量燃油压力,测量出怠速下的燃油压为240kPa左右。然后关闭点火开关约1min后,继续观察油压表,其油压仍能保持在150kPa左右。根据所测数值,基本上可判断燃油供给系统正常。然后进一步检查喷油器,发现3缸和4缸的喷油器上有积炭,同时喷油器的密封圈也有扭曲变形,为什么会这样?原来是之前修理工未按规定将密封圈更换,安装时又操作不当,将密封圈扭曲装入,刚开始只是轻微的漏气,故障不明显。但随着该车的使用,密封圈所处的恶劣环境,导致故障愈发得严重,由此造成此处的密封性不良。

(6)故障排除。

根据上述检查结果,按照维修手册操作指南,进行故障排除。对于其他类型的怠速故障,也可按以下方法进行:清洗节气门与进气道、清洗检查喷油嘴、更换电气元件、检查线束的故障点、清洁搭铁点、修理发动机机械结构等工作。

(7)检验交车。

故障排除后用诊断仪、尾气分析仪再检测一遍,确认故障完全排除后方能交给车主。在3天内必须电话跟踪一次,目的是:

①对用户车辆的维修质量负责,提示用户使用车辆的注意事项;

②将该车的最终情况记录在维修笔记中,不断积累维修经验。

三 学习拓展

1 发动机燃油压力的检测

(1)燃油系统油压测试内容。

油压测试内容主要有:供油压力、调节压力、最大油压、供油量、系统残压、密封测试。

①供油压力:指发动机怠速运转中燃油系统的实际工作油压。测试时油压表指针应稳定,如果指针剧烈摆动,油压可能不正常。一般压力值应在260kPa以上且相当稳定。

②调节压力:指发动机怠速运转中将油压调节器真空管拆开后,燃油系统升高的油压减去供油压力的差值,应在28~70kPa。

③最大油压:指发动机怠速运转中,将回油管夹住时燃油系统的油压,应为供油压力的2~3倍。

④供油量:指发动机怠速运转中,读取燃油系统的供油压力,然后急加速到3000r/min以上,此时立刻读取油压值,应不得低于供油压力20kPa。

⑤系统残压:指在发动机怠速运转中,读取燃油系统油压,然后将发动机熄火,并等待20min后,系统油压应保持在140kPa以上。

⑥密封测试:指判断喷油器是否滴油正常的测试,拆下分油管,喷油器保持在上面,当燃油系统油压保持在供油压力以上(不发动)时,观看喷油器,在一分钟内不得有滴油现象。

(2)油压测试方法。

①系统卸压:先拔下燃油泵熔断丝、继电器或油泵插头,再起动发动机,直至发动机自行熄火后,再次起动发动机2~3次,然后拆下蓄电池负极搭铁线。

②安装燃油压力表:将燃油压力表串接在进油管中,将燃油压力表连接到测压口上,在拆卸油管时,要用一块毛巾或棉布垫在油管接口下,防止燃油泄漏在地上。

③燃油系统初始油压的测量:用一根导线将电动汽油泵的两个检测插孔短接,接通点火开关,若电动汽油泵进行5s自动泵油,说明ECU进行了初始化运作,电源到ECU的电路及ECU控制油泵的电路正常,油泵工作良好。电动汽油泵进行5s自动泵油后,观察油压表上的燃油压力,初始油压正常值为300kPa左右,若油压表指针在300kPa左右摆动,说明油压调节器工作正常。测量初始油压结束5min后,观察油压表指示的燃油系统保持压力,应不低于147kPa。若油压过高,应检查油压调节器工作是否正常;若油压过低,应检查电动汽油泵保持压力、油压调节器保持压力及喷油器有无泄漏。

④发动机工作时燃油压力的测量:起动发动机并保持怠速运转,观察油压表指示的燃油系统压力应不低于250kPa。继续踩下加速踏板,当节气门全开时,观察油压表指示的加速油压,应不低于300kPa。否则,应检查真空管是否泄漏或插错。

⑤拔下油压调节器真空管后的燃油压力测量:拔下油压调节器上的真空软管,用手堵住、让发动机怠速运转,观察油压表指示的油压。应该和节气门全开时的燃油压力基本相同。

⑥燃油系统最大压力的测量:拔下油压调节器上的真空软管,用手堵住,让发动机运转,观察油压表指示的最大燃油压力。此时油压应上升至工作油压的2~3倍,即490~640kPa。否则,应检查油泵是否堵塞或磨损,油路是否有泄漏。

⑦燃油系统残余油压的测量:熄灭发动机,观察此时的油压表,燃油系统的残余油压应不低于147kPa,且稳定30min不下降。否则,系统有漏油故障,应做进一步检查。

⑧拆卸燃油压力表:先卸压,再拆去燃油压力表,将进油管重新连接好,起动发动机,检查油管是否渗漏。

❷ 喷油器的清洗与检测

喷油器的检测方法有就车检测和拆卸检测。

(1)就车检测。

①喷油器的工作情况检查:在发动机运转过程中,用听诊器(触杆式)或手指接触喷油器时,可听到或感觉到与发动机转速成比的喷油频率。若声音或感觉不正常,则应检查喷油器及微电脑输出的喷油信号。

②喷油器的电阻检查:拔下喷油器的导线插接器,用万用表欧姆挡测量喷油器电阻值。若不符合要求,则应更换喷油器。

(2)拆卸检测。

进行拆卸检测时,应先拆下蓄电池的负极搭铁线(注:蓄电池的拆装按本车提供的资料说明操作),拔下喷油器上的电线插头,拆下主输油管和喷油器(拆卸前对燃油管中的燃油先卸压和排泄),从主输油管上拆下进油管,装上专用的软管连接头和检查用软管,连接头和软管间用30N·m的力矩拧紧。然后把喷油器压力调节器、油管用连接头和连接卡夹连接好。在喷油器喷口处套上塑料管,使塑料管伸入量管中,然后进行下列检查。

①喷油量检查:用连接线把检查连接器中的+B与FP端子连接起来(或反复开关点火开关ON挡,利用微电脑的2s预制油压功能),重新装上蓄电池搭铁线以使电子汽油泵工作。然后给喷油器供电,每次接通15s,用量筒测出喷油器的15s喷油量,记得每个喷油器应测2~3次,记录数据算出其平均值。每个喷油器喷嘴连续工作15s,喷油量一般在40~60ml;各喷油器喷嘴的喷油量之差不超过10%,若超过应清洗喷嘴,清洗无法满足时更换喷嘴。

②漏油量检查:在进行了上述检查后,要查看喷油器喷口处有无漏油,每分钟漏油量不允许超过一滴。若是喷油器漏油严重,表示喷嘴密封不严,在相同的喷油脉宽下会额外漏进部分燃油,会使混合气过浓,容易造成热车起动困难。

③喷油器喷嘴雾化性能:喷出的油应呈锥形的喷雾状(以车型提供的资料为准),若不符合标准,则喷嘴可能因油中胶质、杂物等堵塞致雾化效果差,应做清洗处理,若清洗仍无法满足的,更换喷油器。

四 评价与反馈

1 自我评价

(1)通过本学习任务的学习,你是否已经知道以下问题:
①发动机怠速不稳故障现象有哪些?_____。
②造成发动机怠速不稳的原因有哪些?_____。
③如何检查燃油系统的压力?_____。
(2)发动机怠速不稳故障排除过程中用到了哪些设备?

_____

(3)实训过程完成情况如何?

_____

(4)通过本学习任务的学习,你认为自己的知识和技能还有哪些欠缺?

_____。

签名:_____   ___年___月___日

2 小组评价(表3-2)

小组评价表　　　　　　　　　表3-2

序号	评价项目	评价情况
1	着装是否符合要求	
2	是否能合理规范地使用仪器和设备	
3	是否按照安全和规范的流程操作	
4	是否遵守学习、实训场地的规章制度	
5	是否能保持学习、实训场地整洁	
6	团结协作情况	

参与评价的同学签名:_____   ___年___月___日

学习任务3 发动机怠速不稳故障检修

3 教师评价

_____。

教师签名：_____ _____年___月___日

五 技能考核标准

考核的方式建议每个人独立完成学习领域中的实训任务，培养学生独立自主完成任务的能力，实训任务综合性较强，可以根据学生完成实训任务的情况评价整个学习领域的学习效果。表3-3为技能考核标准表。

技能考核标准表 表3-3

项目	序号	操作内容	规定分	评分标准	得分
发动机怠速不稳故障诊断与排除	1	车辆信息记录，故障现象询问及验证	10分	询问车主并记录相关内容，验证故障现象并准确描述，缺少一项扣5分	
	2	发动机外观检查	10分	进行"四漏"检查，铺戴好三件套，检查发动机进气管道的连接密封性，进行发动机线路目视检查，缺少一项扣2分	
	3	发动机故障码读取、分析	15分	正确连接发动机故障诊断仪，正确操作诊断仪，正确读取故障码，正确分析故障码的含义，错误一项扣3分	
	4	传感器的检测	15分	根据故障正确检测相关的传感器，正确使用万用表，正确判明传感器的故障，错误一项扣4分	
	5	燃油压力的检测	15分	正确连接燃油压力表，正确读取燃油压力数值，能根据所测数据判明故障，错误一项扣5分	
	6	喷油器的检测	15分	正确检测喷油器，能判明喷油器的好坏，错误一项扣5分	
	7	工位复位	10分	收齐所用工量具，恢复车辆和设备的原始状态，缺少一项扣5分	
	8	安全、清洁	10分	无危险状况发生，做好保洁工作，缺少一项扣5分	
总分			100分		

学习任务4　发动机异响故障诊断与排除

　学习目标

　知识目标

1. 掌握发动机异响的确定原则；
2. 了解发动机产生异响的有关因素；
3. 掌握发动机异响的故障类型及诊断方法；
4. 掌握发动机异响故障的检修方法及诊断步骤。

技能目标

1. 能正确选择和使用发动机检修设备(如汽缸压力表、异响听诊器、机油压力表等)，完成发动机异响的诊断，并能对检测数据进行正确分析；
2. 能按照故障检修方法及步骤，排除发动机异响的故障。

建议课时

10 课时。

 任务描述

　　小明朋友家有一辆 2010 年款手动挡捷达轿车，已行驶里程近 10000km。最近行驶在高速路上时，小明朋友发觉发动机有异响，于是求助于小明帮忙。小明想为朋友修好汽车，却不知怎样检修。为此，小明应先学习发动机异响的故障类型及发动机产生异响的原因，学习发动机异响故障排除方法。

学习任务4　发动机异响故障诊断与排除

一 理论知识准备

技术状况良好的发动机，在以不同的转速运转时，其所发出的声音都是有一定的规律的。倘若工作中发动机伴随有其他声响，如产生间歇或连续的金属敲击声、连续的金属摩擦声等，则表明发动机运转不正常，而其所伴随的声响即为发动机异响。发动机异响往往是发动机某些故障的表现，若不及时排除，将会造成机件的加速磨损，甚至发生事故性的损坏。因此，我们必须及时检查发动机，并采取必要的维修措施排除故障。

1　发动机异响的确定原则

技术状况良好的发动机，怠速时的声响为均匀的排气声，高速时为平稳的轰鸣声，加速时为有力且过度圆滑的轰鸣声。但如果在运转过程中，发动机伴随有间歇或连续的金属敲击声、无规律的金属摩擦声、气体冲击声等其他声响，即表明发动机有异响故障。发动机异响的确定原则是：

（1）声响在低速运转时轻微，在高速运转时平稳均匀，在加速或减速时圆滑过渡，则为正常声响。

（2）声响中伴随着沉闷的"镗、镗"声，清脆的"当、当"声，短促的"嗒、嗒"声，细微的"唰、唰"声，尖锐的"喋、喋"声和强烈的"嘎、嘎"声等，即表明发动机存在异响。

（3）声响若仅在怠速运转时存在，转速提高后即自行消失，在整个过程中声响无明显的变化，则为危害不大的声响，可待适当时机再进行修理。

（4）声响若在突然加速或减速时出现，且在中高速运转期间不消失，则应立即查明原因，并排除。

2　发动机异响影响因素

（1）配合间隙过大。配合间隙是汽车装配质量的重要指标。在润滑、温度、负荷和速度一定的条件下，汽车机件的配合间隙越大，异响会越发明显。例如活塞与汽缸壁的敲击响声，连杆轴承与轴颈的撞击响声等，就是由于某些运动机件因自然磨损使配合间隙增大，导致发动机异响。

（2）润滑条件。润滑系统是发动机正常工作的重要条件，它具有润滑、冷却、清洗、密封及防锈功能。润滑的好坏是由润滑油膜的厚度决定的。润滑油膜越厚，机械冲击越小，则不易发生异响；反之如果润滑油膜过薄，会导致磨损加剧，从而发生异响，且异响明显又清晰。在配合间隙、温度、负荷和速度一定时，润滑油膜的厚度又受润滑系统压力和润滑油品质的影响，只有品质好的润滑油和适宜的压力才能产生较好的润滑油膜。

（3）紧固件连接状况。紧固可靠的连接机件，异响是很少产生的。但是运转的发动机，不可避免地会产生振动，导致连接紧密的机件产生松动，出现撞击声而使发动机产生异响。如飞轮固定螺栓松动、连杆螺栓松动等引起异响。

（4）个别机件变形损坏。由于某部件变形或损坏，导致运动轨迹发生变化，从而产生异响。如连杆弯曲导致敲缸、气门弹簧折断、曲轴断裂引起异响。

（5）不正常燃烧。汽油发动机点火时间过早或过迟，会导致其爆燃或放炮。柴油发动机喷油时间过早,导致其工作粗暴,引起金属敲缸声。

(6)装配调整或修理的质量。装配调整或修理不当,会导致机件配合间隙失准,从而产生异响。如活塞销装配过紧、气门间隙调整不当引起的异响。

(7)转速。一般情况下,转速愈高机械异响愈强烈。但高转速时各种响起混杂在一起,某些异响反而不易辨清,所以诊断转速要视异响情况而定,应在响声最明显的转速下进行,并尽量在低速下进行,以减少不必要的噪声和损耗。异响与发动机转速的关系见表4-1。

与发动机转速有关的异响　　　　　　　　　　　　　表4-1

异响与发动机转速的关系	发响的原因
异响仅在急速或低速运转时存在	①活塞与汽缸壁间隙过大; ②活塞销装配过紧或连杆轴承装配过紧; ③挺杆与其导孔间隙过大; ④配气凸轮轮廓磨损; ⑤起动抓松动而使皮带轮发响(在转速改变时明显)
维持在某转速时声响紊乱,急减速时相继发出短暂声响	①凸轮轴正时齿轮破裂或其固定螺母松动; ②曲轴折断; ③活塞销衬套松旷; ④凸轮轴轴向间隙过大或其衬套松旷
异响在发动机急加速时出现,维持高速运转时声响仍存在	①连杆轴承松旷、轴瓦烧熔或尺寸不符而转动; ②曲轴轴承松旷或轴瓦烧熔; ③活塞销折断; ④曲轴折断

(8)温度。有些异响与发动机温度无关或关系不大,而有些异响与发动机温度关系却很大,异响与温度的关系如表4-2所示。对于热膨胀系数大的配合,要特别注意在发动机热态时的工作状况。同时,温度也是燃烧异响的主要因素之一,汽油发动机过热时往往产生点火敲击声。

与发动机温度有关的异响　　　　　　　　　　　　　表4-2

异响与温度的关系	发响的原因
低温发响,温度升高后声响减轻,甚至消失	①活塞与缸壁间隙过大; ②活塞主轴承油槽深度和宽度失准; ③机油压力低而导致活塞润滑不良
温度升高后有声响,温度降低后声响减轻或消失	①过热引起的早燃; ②活塞裙部椭圆的长、短轴方向相反; ③活塞椭圆度小、活塞与缸壁的间隙过小; ④活塞变形; ⑤活塞环各间隙过小

(9)负荷。有些发动机的异响与其负荷有着明显的关系,如表4-3所示。诊断时可采取逐缸解除负荷的方法进行试验,通常采用单缸或双缸断火法解除一缸或两缸的负荷,以鉴别异响与负荷的关系。

学习任务4　发动机异响故障诊断与排除

与发动机负荷有关的异响　　　　　　　　　　　　　　　　　　　　　表4-3

异响与负荷的关系	发响的原因
某缸断火,异响频率降低或减轻	①活塞敲缸; ②连杆轴承松旷; ③活塞环漏气; ④活塞销折断
某缸断火,则声响加重,或原来无响,此时反而出现声响	①活塞销铜套松旷; ②活塞裙部锥度过大; ③活塞窜出; ④连杆轴承盖固定螺栓松动过甚或连杆轴瓦合金烧熔脱净; ⑤飞轮固定螺栓松动过甚
相邻两缸断火,异响减轻或消失	曲轴轴承松旷

（10）工作循环。发动机的异响故障也与其工作循环有明显的关系,特别是曲柄连杆机构和配气机构的异响与工作循环关系更大。就四行程发动机而言,凡由曲柄连杆机构引起的声响,均为发动机做功一次,发响两次;凡由配气机构引起的声响,均为发动机做功一次,发响一次。

❸ 发动机机械异响类型及诊断

通常,发动机内部机械异响主要来自于曲柄连杆机构和配气机构两大机构。曲柄连杆机构异响主要有活塞敲缸响、活塞销响、活塞环响、曲轴主轴承与连杆轴承响等;配气机构异响主要有正时齿轮响、气门响、凸轮轴承响等。

（1）活塞敲缸响。

响声在汽缸体上部。怠速时声响为清脆的"当、当"声,单缸断火时,声响减小或消失。故障原因多是由于活塞与缸壁配合间隙过大。排除故障时应更换活塞或镗缸。更换活塞时,新配活塞的材料、高度、质量、直径应与本汽缸上的其他活塞相同。

（2）活塞销响。

响声在机体上部或润滑油加注口处。响声在怠速或略低于中速时,声响比较明显清晰,出现有节奏的"嗒、嗒"声。转速变化时,声响也随之变化,急加速时声响更大;单缸断火时,声响减小或消失。故障原因多是活塞销与销座孔配合松旷,应更换活塞销。

（3）活塞环响。

响声在汽缸两侧或润滑油加注口处,为钝哑的"啪、啪"声,并且随转速的增高而增大。单缸断火时,声响会减轻但不消失。如果是活塞环损坏、环与环槽松旷,故障排除应更换活塞环。在更换活塞环时,新配的活塞环应检查环的端隙、边隙和背隙以及环的弹性,检查合格后才能装用。如果是扭曲环和锥形环,装配时应注意安装方向。

（4）曲轴主轴承与连杆轴承响。

响声在汽缸体下部靠近曲轴箱分界面处,并且转速愈高响声愈大。单缸断火试验时,曲轴主轴承响声无明显变化,而连杆轴承响声会减弱或消失。检修时如发现轴承烧坏或变形,应进行更换;若是螺栓松动,应按规定力矩拧紧,拧紧后仍松旷,可将轴承盖两边的垫片等量减少,再按规定力矩拧紧螺栓或调换新轴承。

(5)正时齿轮响。

声响发生在正时齿轮室。转速愈高,声响愈大,当声响严重时,在正时齿轮盖上可触觉到振动。单缸断火时,声响无明显变化。故障排除:如果是两个正时齿轮端面不平行,应通过调整垫片使其两者端面平行;若是啮合间隙过大或齿面损伤,应成对更换正时齿轮;若是润滑不良,应疏通阻塞油道。

(6)气门响。

声响在气门室边侧或缸盖靠近气门处。单缸断火时,声响无明显变化。故障排除:若是气门座松动,应更换气门座,更换气门座时,气门座与座孔间的配合应有足够的紧度,气门座工作面锥度应与气门工作面锥度一致;如果是气门脚响,应调整气门间隙;如果是气门弹簧过软或折断,则应更换气门弹簧,对于不等距弹簧,在装配时,必须将螺距大的一端朝向弹簧座。

(7)凸轮轴承响。

声响在凸轮轴附近处。发动机处在中速时,声响很明显。单缸断火时,声响不变。故障排除:更换凸轮轴轴承。换用的新轴承与轴承孔间的配合需有一定紧度,镶配轴承时,应使轴承油孔与轴承座的油孔对正,且轴承内孔与凸轮轴颈应有适当间隙。

❹ 发动机异响诊断方法

(1)人工经验听诊法。

人工经验听诊法是指通过改变发动机工况等措施使异响再现,找出异响特征和规律并了解异响出现时发动机的运行状况及故障征兆,进而判断出异响部位。此法目前应用较普遍,诊断中常常借助于螺钉旋具来查听异响。如图4-1所示为经验法诊断步骤。

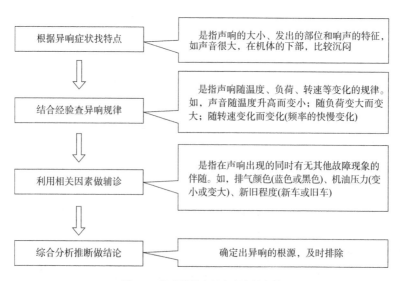

图4-1 发动机异响经验法诊断步骤

(2)仪器辅助诊断法。

常用的仪器主要有听诊器、噪声器、振动分析仪等。其中振动分析仪能够观测到异响产生的位置、波形特征、波形幅度等,可以实现快速诊断。其工作原理是利用振动传感器(拾振器)把各种异响对应的振动信号拾取出来,经过选频放大处理后送到示波器显示出波形,对异响进行频率鉴别和幅度鉴别,再辅之以单缸断火或断油、转速变换等手段,迅速、准确地判断出异响的种类、部位和严重程度。

二 任务实施

1 准备工作

(1)将实训车辆停放在检测区域。
(2)检查实训室通风系统设备工作是否正常。
(3)准备发动机故障诊断仪、汽缸压力表、机油压力表及其他常用检修工具、维修手册、车辆挡块、三件套等教学用具。

2 技术要求及注意事项

(1)发动机异响诊断注意事项。
①诊断前应先了解发动机的使用和维护情况。
②检查发动机供油、点火、冷却、润滑是否正常。
③重点观察发动机在低温和初始发动时刻的状况。
④在发动机异响诊断过程中,必须对异响的音调、最佳诊断转速、断火试验、最佳振动部位、工作温度及机油压力和消耗量等全面观察,综合分析,才能做出正确判断。
⑤发现重大异响,必须立即停止发动机工作。

(2)发动机汽缸压力诊断标准。

在发动机异响诊断过程中,经常会进行汽缸压力检测,从而判断发动机内部磨损状况。对于在用汽车发动机的汽缸压力技术标准,应符合国家标准《营运车辆综合性能要求和检验方法》(GB 18565—2001)的规定:发动机各汽缸压力应不小于原设计规定值的85%;每缸压力与各缸平均压力的差,汽油机应不大于8%,柴油机应不大于10%。对于大修竣工发动机,按照国家标准《汽车修理质量检查评定方法》(GB/T 15746—2011)附录B的规定:大修竣工发动机的汽缸压力应符合原设计规定;每缸压力与各缸平均压力的差,汽油机不超过5%,柴油机不超过8%。

3 操作步骤

(1)询问车主。
接车后应先向车主了解:
①最早出现发动机异响的时间;
②发动机产生异响时的温度;
③该车行驶里程;
④车主经常驾驶的道路和习惯;

⑤该车维护情况；
⑥该车维修历史；
⑦该车是否加装设备。
通过以上了解可对发动机异响有初步判断，缩短检查时间，避免在检修时做无用功。

(2) 检查外观。

首先安装好座椅套、转向盘套、换挡杆套、脚垫等，确认驻车制动可靠实施及车辆挡块可靠安放。然后打开发动机罩检查，观察发动机运转情况，确定是发动机自身异响还是附件异响。常见的附件声响有以下几种：

① 传动带异响：如果怀疑是传动带发响，可拆下传动带并让发动机运转一会儿，或在发动机运转时将肥皂水喷在传动带上，如果噪声消失即可断定为传动带发响。

② 风扇离合器异响：风扇离合器也会产生一种让人难以判断的响声。可在发动机熄火后，先检查风扇离合器是否有松动，然后再拆下风扇传动带，重新起动发动机，查听是否仍有异响，若异响消失，则异响就是来自风扇离合器。

③ 转向助力泵异响：重点检查转向助力系统是否缺油、系统是否有空气进入油道、系统内是否过脏等。

(3) 读取故障代码，查看数据流。

关闭汽车点火开关，将电脑检测仪 VAS5052A 连接至捷达轿车诊断接口，然后起动发动机并适当加速，待运行一段时间后读取发动机控制系统故障代码。经检测，该车显示系统正常，没有故障代码显示。继续查看爆震传感器的数据流，数据值在正常范围内，说明发动机没有爆震敲缸现象。

(4) 逐缸断火试验。

先拔下第一缸的高压线，查看发动机的异响有无变化，再逐一拔下其余各缸的高压线，听声音的变化。通过试验发现，拔下第二和第三缸的高压线时，异响没有变化，而拔下第四缸高压线时，异响明显变小，说明异响来自第四缸。

(5) 测量发动机汽缸压力。

汽缸压力是发动机工作的重要参数。对于正常的发动机，汽缸压力必须达到一定的压力值，如捷达 1.6L 发动机汽缸压力应大于 9bar。如果汽缸压力过低，则说明发动机内部有故障，如活塞环过度磨损，气门关闭不严，或存在缸套穿孔及缸体拉伤等问题。

先拆下捷达轿车的第一缸的火花塞，将汽缸压力表接在火花塞孔中，起动发动机，观察汽缸压力表指针的摆动，其最大值即为汽缸压力，在此测得一缸压力为 11.1bar；再逐一测量其余各缸的汽缸压力，分别为 11.5bar、11.3bar 和 11.2bar。由此可知，各汽缸压力值都在正常范围内，并且各缸差异不大，说明配气机构及各汽缸活塞、活塞环及缸体良好。

(6) 测量机油压力。

为了更加精准查找故障部位，我们继续测量发动机的机油压力。首先拆下发动机汽缸盖后面的机油压力传感器，并在此处装上机油压力表 VAG1527。然后起动发动机，观察发动机在急速及转速为 2000r/min 时的压力状况。对于此捷达轿车，发动机急速时的机油压力至少为 36kPa；热车后，当机油温度升高至 80℃时，发动机在转速为 2000r/min 时的机油压力至少为200kPa。通过我们的观察记录,我们的故障车辆发动机怠速时的机油压力却为32kPa,当转速稳定在2000r/min时,机油压力只有190kPa,明显比正常值偏低。再根据之前的检测,由此判定问题应在曲轴主轴颈或轴瓦上。

(7)故障排除。

根据上述检查结果,按照车辆维修手册的操作指南,进行故障排除。

(8)检验交车。

①对用户车辆的维修质量负责,提示用户使用车辆的注意事项;

②将该车的最终情况记录在维修笔记中,不断积累维修经验。

三 学习拓展

1 汽缸压力的检测

汽缸压力指的是活塞到达压缩上止点时的汽缸压缩压力。它是发动机工作的重要参数,压力高,则发动机密封性好,内部磨损小;反之,说明发动机密封性差,内部机件磨损大(在配气机构良好条件下),磨损加大,自然发动机异响也会明显。所以检测汽缸的压力,也是查明异响故障的重要手段。通常检测汽缸压力所使用的检测设备有汽缸压力表(图4-2)、汽缸压力检测仪等。汽缸压力表由于价格低廉、轻便小巧、实用性强和检测方法简便等优点,在汽车维修企业中应用非常广泛。在此介绍汽缸压力表的检测过程。

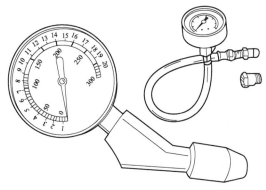

图4-2 汽缸压力表

(1)检测条件。

检测前应先使发动机运转至正常工作温度,在使用起动机带动已拆除全部火花塞或喷油器的发动机运转时,其转速应符合原厂规定。

(2)检测方法。

①拆下空气滤清器,用压缩空气吹净火花塞或喷油器周围的脏物,拆下全部火花塞或喷油器,并按汽缸顺序放置。

②对于汽油发动机,还应把点火系二次高压总线拔下并可靠搭铁,以防止电击或着火。

③把汽缸压力表的橡胶接头插在被测缸的火花塞或喷油器孔内,扶正压紧。将节气门(带有阻风门的,还包括阻风门)置于全开位置,用起动机带动曲轴3~5s(不少于四个

压缩行程),待压力表头指针指示并保持最大压力后停止转动。

④取下汽缸压力表,记录读数。

⑤按上述方法依次测量各缸,每缸测量不少于两次,每缸测量结果取算术平均值。

(3)结果分析。

①汽缸压力的测得结果值如高于原设计值,并不一定表明汽缸密封性好,要结合使用和维修情况进行分析:有可能是由于燃烧室内积炭过多、汽缸衬垫过薄或缸体与缸盖接合平面经多次过甚修理加工而造成。

②汽缸压力测得结果如低于原设计值,说明汽缸密封性降低。可向该缸火花塞或喷油器孔内注入少量机油,然后用汽缸压力表再测汽缸压力,进行深入诊断并记录。如果:

(a)第二次测得的结果比第一次高,即接近标准压力,表明是汽缸、活塞环、活塞磨损过大或活塞环对口、卡死、断裂及缸壁拉伤等原因造成了汽缸不密封。

(b)第二次测得的结果与第一次略同,即仍比标准压力低,则表明进排气门或汽缸衬垫不密封。

(c)若两次测量结果均表明某相邻两缸压力都相当低,则说明两缸相邻处的汽缸衬垫烧损窜气。

为了更准确地找出故障部位,可在测量完汽缸压力后,针对压力低的汽缸,继续采用以下方法进行确诊:

①拆下空气滤清器,打开散热器盖、加机油口盖和节气门,用一条3m长的胶管,一头接在压缩空气气源(600kPa以上)上,另一头通过锥型橡皮头插在火花塞或喷油器孔内,用力压住。

②摇转发动机曲轴,使被测汽缸活塞处于压缩上止点位置,然后将变速器挂入低速挡,拉紧驻车制动器,打开压缩空气开关,注意倾听发动机漏气声。

③如果在进气管口处听到漏气声,说明进气门关闭不严密。

④如果在排气消声器口处听到漏气声,说明排气门关闭不严密。

⑤如果在散热器加水口处看到有大量气泡冒出,说明汽缸衬垫不密封,进而造成汽缸与水套连通。

⑥如果在加机油口处听到漏气声,说明汽缸活塞摩擦副磨损严重。

2 机油压力检测

润滑系统的机油油压值通常会由仪表上的机油压力表或报警灯显示出来,但是由于机油压力表或油压传感器不能保证必要的测量精度,因此,定期测量机油的压力,可及时掌握发动机的磨损情况。机油压力可以用专用的机油压力表来测量,也可以用普通的油压表(量程为1MPa左右)配上相应的高压软管和接头来测量。机油压力测量方法如下:

①拔下机油压力传感器的线束插头,拆下机油压力传感器,将机油压力表的软管接头拧入安装机油压力传感器的螺孔内,并拧紧接头。

②将机油压力表放置在不会接触到发动机旋转部件及高温部件的地方。

③起动发动机,检查机油压力表接头处有无漏油,如有漏油,应熄火后重新拧紧接头。

学习任务4 发动机异响故障诊断与排除

④运转发动机使之达到正常的工作温度,分别在怠速和2000r/min时检查油压表的读数,并与标准压力值进行比较。

⑤在测量完机油压力后,应拆下机油压力表,装上机油压力传感器并按规定力矩拧紧,接上线束插头,然后起动发动机,确认机油压力传感器没有漏油。

各种车型发动机的机油压力标准都不完全相同,一般在怠速时的机油压力应大于0.05MPa,在2000r/min时,应大于0.2MPa,否则为不正常。

机油压力低于规定值,一般有以下原因:

①机油被稀释或机油太脏,此时应更换机油和机油滤清器;

②油底壳因碰撞而变形导致机油泵滤网堵塞;

③机油泵齿轮磨损过度。正常情况下,主、从动齿轮间隙应不超过0.7mm,齿轮轴向间隙应不超过0.5mm;

④发动机各轴磨损过度。正常情况下,曲轴主轴瓦间隙应不超过0.17mm,连杆轴瓦间隙应不超过0.12mm,中间轴径向间隙应不超过0.25 mm,凸轮轴间隙应不超过0.1mm。

四 评价与反馈

1 自我评价

(1)通过本学习任务的学习,你是否已经知道以下问题:

①发动机异响故障现象有哪些?_____。

②造成发动机异响的原因有哪些?_____。

(2)发动异响故障排除过程中用到了哪些设备?

_____。

(3)实训过程完成情况如何?

_____。

(4)通过本学习任务的学习,你认为自己的知识和技能还有哪些欠缺?

_____。

签名:_____　　　___年___月___日

2 小组评价(表4-4)

小组评价表　　　　表4-4

序号	评 价 项 目	评价情况
1	着装是否符合要求	
2	是否能合理规范地使用仪器和设备	
3	是否按照安全和规范的流程操作	
4	是否遵守学习、实训场地的规章制度	
5	是否能保持学习、实训场地整洁	
6	团结协作情况	

参与评价的同学签名:_____　　　___年___月___日

3 教师评价

_____
_____。

教师签名：_____　　　_____年___月___日

五 技能考核标准

考核的方式建议每个人独立完成学习领域中的实训任务，培养学生独立自主完成任务的能力，实训任务综合性较强，可以根据学生完成实训任务的情况评价整个学习领域的学习效果。表4-5 为技能考核标准表。

技能考核标准表　　　　　　　　　　表4-5

项目	序号	操作内容	配分	评分标准	得分
发动机异响故障诊断与排除	1	车辆信息记录，故障现象询问及验证	10分	询问车主并记录相关内容，验证故障现象，并准确描述，缺少一项扣5分	
	2	发动机外围的检查	10分	进行"四漏"检查，铺戴好三件套，正确检查发动机传动皮带，检查发动机周围附件的坚固状态，缺少一项扣2分	
	3	发动机故障码的读取、分析	10分	正确连接发动机故障诊断仪，正确操作诊断仪，正确读取故障码，正确分析故障码的含义，错误一项扣2分	
	4	汽缸压力的检测	25分	正确连接汽缸压力表，正确测量汽缸压力，正确读取压力值，正确分析压力数据，查出故障部位，错误一项扣5分	
	5	机油压力的检测	25分	正确连接机油压力表，正确测量机油压力，正确读取压力值，正确分析压力数据，查出故障部位，错误一项扣5分	
	6	工位复位	10分	收齐所用工具，恢复车辆和设备的原始状态，缺少一项扣5分	
	7	安全、清洁	10分	无危险状况发生，做好保洁工作，缺少一项扣5分	
		总　　分	100分		

学习任务5　发动机水温过高的故障检修

 学习目标

 知识目标

1. 了解发动机冷却系的作用、结构及水温过高的危害；
2. 掌握发动机冷却系水温过高的故障类型及诊断方法；
3. 掌握发动机水温过高故障原因；
4. 掌握发动机水温过高故障的检修方法及诊断步骤。

 技能目标

1. 能正确选择和使用发动机冷却系的检修设备(如冷却系泄漏检测仪等)，完成发动机冷却系检测，并能对检测数据进行正确分析；
2. 能按照故障检修方法及步骤，排除发动机水温过高故障。

 建议课时

8课时。

任务描述

小张单位有一辆丰田凯美瑞轿车，已行驶里程约46000km。近来该车出现发动机水温过高现象，水温表指针达到红色线，多功能显示屏也显示"水温异常"，且发动机无力。小张想修好此车，心里却没底。为此，小张应学会查找发动机水温过高的故障原因，学习发动机冷却系故障排除方法。

一 理论知识准备

发动机冷却水水温通常为80~90℃,在这一温度环境下,可保证发动机充分发挥正常功率。但是如果发动机使用维修不当,冷却装置的零件存在腐蚀、磨损、积垢等,就会影响发动机的冷却效果,造成冷却水温度过高。一旦水温过高,对发动机以及各部件的正常工作将造成不良影响。

1 冷却系的作用及常见故障

冷却系的作用是对在高温条件下工作的发动机进行冷却,使发动机维持在正常的运转温度范围内。其结构主要由散热器、冷却风扇、冷却水泵和节温器等组成。冷却系常见的故障类型有:冷却水温过高、冷却水温过低、冷却液消耗异常等。在此,重点讨论发动机冷却水温过高故障的检修。

2 冷却水温过高的危害

(1)冷却水温过高,会使喷入汽缸中的燃油提前燃烧,导致发动机的做功压缩不足,功率下降。

(2)各运动零件由于高温作用而膨胀过度,使原来的配合间隙发生变化,致使轴承的工作能力大大降低,破坏了正常的工作状况,严重时会引起烧瓦抱轴、活塞涨缸、活塞环卡死等故障。

(3)温度过高会造成机油黏度降低,机油烧损,使发动机各润滑部位油膜破坏,加速机件磨损,严重时会造成烧瓦、拉缸等事故。

(4)温度过高会加速橡胶件老化损坏,导致橡胶件局部变形、裂纹及烧损,造成发动机漏水、漏油等故障。

3 冷却水温过高的原因

冷却水温过高的原因有很多,大致可归为冷却系机械系统故障和冷却系电控系统故障两大类。

(1)冷却系机械系统故障。

①散热器及发动机水套水垢太多,造成散热不良,水温升高。

②节温器损坏,使冷却液不能顺畅进入散热器形成大循环,造成水温很快升高,进而造成开锅。

③水泵损坏或传动皮带打滑使水泵工作不良。水泵不能正常,就不能产生足够的水压,降低了冷却水的循环流量。

④缺少防冻液,冷却不充分。

⑤冷却系内部有空气,造成冷却水不能正常循环。

⑥汽缸垫损坏,导致汽缸中高温高压气体进入冷却系而使水温很快升高至开锅。

⑦冷却液渗漏,造成发动机温度升高。故障多见在散热器、水泵、汽缸体、汽缸盖、汽缸垫、暖风机散热器、水管,以及橡胶软管和放水开关处渗漏水。

(2)冷却系电控系统故障。

①散热电子扇不转,或者没有高速挡或低速挡,使电子扇的强制风冷不起作用,造成水温过高。

②双温开关故障。双温开关内部设有两个开关:一个开关是在水温达到90℃左右接通,使风扇在低速挡运转,当水温低于84℃时,开关又断开,风扇停止工作;另一个开关是在水温达到100℃左右接通,使风扇在高速挡运转,增强风扇散热能力,而当水温降至90℃时,风扇又回到低速挡运行。若开关有问题时,检修时必须换用新的开关。

③电子扇继电器损坏,电子扇不运转,没有强制风冷而使水温高。

④空调系统故障。打开空调开关,电子扇必须以低速挡运转,当空调系统压力超过一定值时,电子扇则以高速挡运转。如不正常,会加大发动机的负荷,消耗冷却系统的散热性能,导致水温过高。另外,空调制冷剂加注过少或过多,都会降低制冷效果。

⑤水温传感器损坏,输送错误的信号,也会使发动机冷却水水温不正常。

⑥水温表显示不正常,显示过高。可用专用测量工具检测水温表的测量基点和范围,如不正常则需要换水温表。

⑦供油系调整不当,使可燃混合气过稀。混合气过稀会使燃烧速度缓慢,而且燃烧后所产生的热能大部分散失于汽缸壁,致使发动机冷却水温升高。

⑧点火系统调整不当。点火提前角调整过迟,使混合气不能及时燃烧和充分燃烧,未燃烧的燃料在排气喉内补燃,既影响发动机的动力输出,又会使发动机冷却系温度升高。

4 发动机水温过高故障类型及诊断

发动机水温过高故障类型可分为三种:冷却液充足但水温仍过高;冷却液不足引起的水温过高;水温突然过高。

1)冷却液充足但水温仍过高

发动机的冷却液充足,但汽车在行驶中,冷却液温度却超过90℃直至沸腾(俗称"开窝"),或是汽车运行中冷却液温度达到90℃以上,而当停车时,冷却液立即沸腾。

(1)可能原因。

①水泵损坏。

②节温器失效,使冷却液大循环受阻。

③散热器内芯管堵塞,散热器出水胶管被吸瘪,胶管内壁有脱层堵塞。

④水套水垢沉积过多,或分水管堵塞,分水不畅。

⑤风扇皮带太松或因油污而打滑。

⑥硅油风扇离合器损坏,使风扇不转或转速过低。

⑦冷却风扇装反,或风扇规格不对。

⑧汽缸垫烧穿或缸盖出现裂缝使高温气体进入冷却系。

⑨其他非冷却系的故障(如点火时间过迟、混合气过浓或过稀、燃烧室积炭过多、发动机机油量不足或机油散热器工作不良等)。

(2)故障诊断与排除方法。

①检查风扇的转动情况及风扇皮带是否打滑。如风扇不转或转速太低,可调整风扇皮带松紧度,再检查硅油风扇离合器,最后检查风扇电机电路。

②若风扇转动正常,再用手分别感觉散热器和发动机的温度。散热器温度过低,而发动机温度高,说明冷却液循环不良。应检查散热器出水胶管是否被吸瘪,或胶管内壁是否有脱层堵塞。若胶管被吸瘪应换用新管。

③如散热器出水良好,进一步检查散热器的进水管处。可起动发动机,查看冷却液的排出是否有力,不然,说明水泵或节温器有故障。进一步拆下节温器试验,若散热器的进水管仍不排水,则说明水泵有故障。若拆下节温器后,散热器的进水管变得有力了,则故障就在节温器,应换用新件。

④检查散热器各处温度是否均匀。如果冷热不均,说明散热器内部芯管有堵塞或散热片倾倒过多。

⑤检查发动机各处温度是否均匀。如果发动机的后端温度高于前端,则说明分水管已损坏或堵塞,应换用新件。

⑥发动机温度过高,同时伴有动力明显下降,并且从散热器的加水口处涌出高温气体或从排气管处排出水蒸气,则应该检查汽缸垫是否烧坏。

⑦对于长期未清洗水垢的发动机,若出现过热无法排除时,应考虑水套内积垢是否太多。可采用化学溶剂清洗水垢。

⑧若发动机及冷却液温度正常,冷却液位也正常,而水温表指示水温过高,或水温过高,报警灯点亮,则为水温表、报警灯电路或元件故障。

2)冷却液不足引起的水温过高

发动机冷却系容纳不了规定的冷却液量,或在运行中冷却液消耗异常,使发动机过热。

(1)可能原因。

①冷却水套或散热器积垢过多或堵塞。

②散热器漏水。

③散热器的进、排气阀失效。

④水泵密封不良或叶轮密封垫圈磨损过甚而漏水。

⑤冷却系其他部位漏水。

⑥汽缸垫水道孔与汽缸相通。

⑦个别进气通道破裂漏水。

⑧气门室内壁破裂漏水。

(2)故障诊断与排除。

①首先检查冷却系外部是否漏水。一经发现,紧固漏水部位。

②水泵泄水孔漏水,常被误认为散热器出水管漏水。检查时可用一个干燥洁净的木条伸到水泵的泄水孔处,若木条有水,则说明水泵漏水。

③若外部不漏水,则应考虑为冷却系内部漏水。若发动机运转时,排气管排出大量的水蒸气,或拔出机油尺发现机油中有冷却液,则为水套破裂或汽缸垫水道孔破损,致使冷

学习任务5 发动机水温过高的故障检修

却液漏入曲轴箱、汽缸或进、排气道。

3）水温突然过高

冷车起动后，发动机冷却液温度迅速升高而产生沸腾现象，或汽车行驶中发动机突然过热。

（1）可能原因。

①风扇皮带断裂。

②水泵轴与叶轮脱转。

③冷却系严重漏水。

④节温器主阀门脱落致使冷却液不能进行大循环。

⑤汽缸垫烧穿，或缸盖出现裂缝，高温气体进入冷却系。

（2）故障诊断与排除。

①首先检查冷却液容量是否充足。汽车在行驶中发动机突然过热，冷却液沸腾，切莫使发动机立即熄火，应怠速运转散热五分钟，待冷却液温度散热后，再补加冷却液。

②检查风扇转动是否正常。若风扇停转，应查看风扇皮带是否断裂；硅油风扇离合器或电磁系风扇离合器是否损坏；若为电动风扇，则应检查冷却液温度开关、风扇电机及电路是否损坏。

③检查水泵和节温器。可用手感觉散热器和发动机的温度，如发动机温度很高，而散热器温度很低，则说明水泵损坏或者节温器失灵。

④若冷态发动机起动后，散热器出水口立即向外溢水并排出大量气泡，呈现冷却液沸腾状态，多为汽缸套、汽缸盖出现裂纹或汽缸垫烧蚀，使高温高压气体窜入水套。此时，应分解缸盖、缸体，焊修裂纹或更换汽缸套、汽缸垫。

二 任务实施

1 准备工作

（1）将实训车辆停放在检测区域。

（2）检查实训室通风系统设备是否正常。

（3）准备发动机诊断仪、冷却系检漏仪以及其他常用检修工具、车辆维修手册、车辆挡块、三件套等教学用具。

2 技术要求与注意事项

（1）冷却液有腐蚀性和毒性，切忌吸入口中或洒在亮漆表面上。冷却液膨胀系数比水大，没有膨胀箱的发动机，冷却液注入不要太满。

（2）严禁两种不同防冻液混合使用。严禁石油产品混入防冻液中。

（3）散热器开锅打开散热器盖时，用双层布捂住散热器盖分两步拧开，先放出水蒸气，再取下散热器盖。散热器严重缺水时，熄火后不要立即加冷水。

（4）检修蜡式节温器时，防止石蜡泄露外出。

(5) 发电机或水泵采用两根风扇皮带,更换时应同时更换。水泵总成解体重新装配时,应换用新的水封副与衬垫。给水泵注入黄油时,把挤出的黄油擦净,否则甩到皮带上时会造成皮带打滑。

(6) 对于硅油风扇离合器,硅油一定要加足但又不许渗漏,也不允许用其他油代替硅油。

(7) 电磁风扇离合器主动盘与从动盘之间保持一定间隙,一般为 0.25~0.45mm。

(8) 散热器风扇出现故障不旋转时,应立即关闭空调,否则产生超高压损坏部件。

3 操作步骤

发动机水温过高的诊断与排除程序如图 5-1 所示。

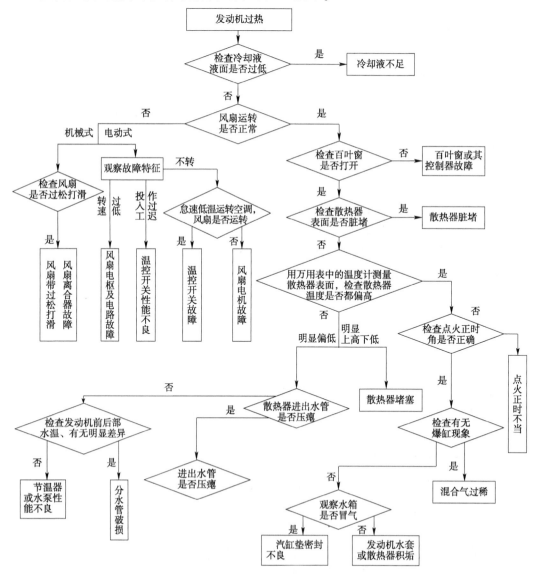

图 5-1　发动机水温过高的故障诊断与排除程序

学习任务5　发动机水温过高的故障检修

（1）询问车主。

接车后应向车主了解：

①最早出现水温过高的时间；

②该车行驶里程；

③车主经常驾驶的道路和习惯；

④该车维护情况；

⑤该车维修历史；

⑥该车是否加装其他设备。

通过以上了解可对发动机水温过高有初步判断，缩短检查时间，避免在检修时做无用功。

（2）外观检查。

首先安装好座椅套、转向盘套、换挡杆套、脚垫等，确认驻车制动可靠实施及车辆挡块可靠安放。然后通过眼看手摸，检查冷却液量、水泵、散热器及风扇工作情况。在打开散热器盖之前，先用手捏一下散热器上的水管，看冷却系内是否有压力，如果水面下降很快，应检查冷却系各部位，如各软管、接头、散热器、水泵、水堵处是否漏水。接着检查水泵皮带是否过松，风扇叶片是否有损烂；检查百叶窗和散热器的散热片，百叶窗应打开良好，散热片无变形。

（3）连接诊断仪，读取相关数据。

发动机在静止状态下，冷却液温度传感器、进气温度传感器、车辆外部环境温度传感器所测得的温度应一致，否则为传感器有故障。连接好发动机诊断仪，使发动机怠速运转，读取与冷却系有关的传感器数据流。如不正常，则应检查冷却液温度传感器及其相关电路、散热器风扇及其相关电路。

（4）冷却系机械故障检测。

①检查风扇是否正常转动。根据风扇的驱动形式不同，分别检查风扇皮带是否过松、打滑、断裂，电动风扇电机、温控开关及有关的连接器是否损坏。若一切良好但风扇仍然不转，则应从电动风扇电路查找原因。

②检查散热器及防护罩。若散热器的空气通道有灰尘或杂物吸附在散热片上，可用压缩空气吹通，并梳理好变形的散热片。打开散热器盖，如果发现散热器的芯管阻塞、锈阻或腐蚀，应清洗或更换散热器。检查散热器后面的护风罩有无松动或断裂、定位是否正确等。

③检查散热器上、下水管的温差。用手触摸散热器上、下水管，并用手指背触摸散热器和发动机，感觉其温差。若发动机和上水管温度很高，而散热器、下水管温度较低，则问题在节温器或是水泵轴与叶轮脱转。可先拆检节温器，再检查水泵。

④拆检节温器。将节温器浸于水中，逐渐加热，检查阀门开启的温度和升程，应符合原厂规定。

⑤检查有无汽缸垫烧损迹象。先修复好明显的外部泄漏点，并加足冷却液，起动发动机。如果在加水口处可见明显气泡，即为明显冲床（烧缸垫）。

(5)故障排除。

根据上述检查结果,按照车辆维修手册的操作指南,进行故障排除。

(6)检验交车。

①对用户车辆的维修质量负责,提示用户使用车辆的注意事项。

②将该车的最终情况记录在维修笔记中,不断积累维修经验。

三 学习拓展

1 冷却系统泄漏检测

冷却系统中如果有轻微的泄漏或内部泄漏现象,一些简单的检查方法通常是很难发现的。但是如果给冷却系统加压,情况就不一样了,再隐藏的泄漏也会暴露出来。而且这样的压力测试方法还可测试系统保持压力的能力,系统的保压能力对于冷却系统进行温度控制也是非常重要的。冷却系统泄漏的检测,其步骤如下。

图5-2 冷却系统泄漏检测

(1)首先将泄漏检测仪装在散热器上,如图5-2所示。然后用手起泵施加压力,当系统压力达到100kPa时,保持5分钟,查看压力是否下降。如果压力下降,即表明冷却系统有渗漏故障。

(2)一旦有泄漏,先检查进、出液软管有无老化,接头卡箍处有无渗漏等故障现象。若软管老化,应予以更换。软管接头卡箍处有渗漏现象时,应拧紧卡箍或更换卡箍。

(3)继续检查散热器、水泵等是否漏水。如未发现外部漏水则应检查取暖器、机体、汽缸盖等是否漏水。

2 发动机冷却系统的维护

(1)冷却系统(尤其是散热器)外部和内部清洁,是提高散热效能的重要条件。所以散热器外部有泥污或碰撞变形,要及时清洗或修复。

(2)按规定使用防冻冷却液,保持冷却液容量充足。正确的冷却液液面高度:当发动机处于冷态时,冷却液液面在膨胀箱内,且位于最高和最低标志之间。如果膨胀箱内装有自动液位报警传感器,则箱内液面过低时仪表板上的冷却液温度报警灯闪烁,应及时予以添加。

(3)应保持风扇皮带张紧力适当,风扇正常工作。皮带过松影响水循环,加剧其磨损;过紧易损坏轴承。

(4)热敏开关应连接良好,保证风扇换挡变速及正常运转。如果发现冷却系溢水,应及时检查节温器技术状况。

(5)汽车处在高温环境,或长时间坡道或低挡位行驶时,应做好散热措施。防止发动机大负荷、长时间工作,以免水温过高。

四 评价与反馈

❶ 自我评价

(1) 通过本学习任务的学习,你是否已经知道以下问题:

①冷却系统的作用及常见故障现象有哪些?_____。

②水温过高的危害有哪些?_____。

③水温过高的原因有哪些?_____。

(2) 发动机水温过高故障排除过程中用到了哪些设备?

_____。

(3) 实训过程完成情况如何?

_____。

(4) 通过本学习任务的学习,你认为自己的知识和技能还有哪些欠缺?

_____。

签名:_____ ____年___月___日

❷ 小组评价(表5-1)

小组评价表　　　　　　　　表5-1

序号	评价项目	评价情况
1	着装是否符合要求	
2	是否能合理规范地使用仪器和设备	
3	是否按照安全和规范的流程操作	
4	是否遵守学习、实训场地的规章制度	
5	是否能保持学习、实训场地整洁	
6	团结协作情况	

参与评价的同学签名:_____ ____年___月___日

❸ 教师评价

_____

_____。

教师签名:_____ ____年___月___日

五 技能考核标准(表5-2)

考核的方式建议每个人独立完成学习领域中的实训任务,培养学生独立自主完成任务的能力,实训任务综合性较强,可以根据学生完成实训任务的情况评价整个学习领域的学习效果。表5-2为技能考核标准表。

技能考核标准表　　　　　　　　　　　　　　　　　表 5-2

项目	序号	操作内容	规定分	评分标准	得分
发动机水温过高故障诊断与排除	1	车辆信息记录,故障现象询问及验证	5 分	询问车主并记录相关内容,验证故障现象并准确描述,缺少一项扣 5 分	
	2	发动机外围状况的检查	15 分	进行"四漏"检查,铺戴好三件套,正确检查发动机传动皮带,检查风扇工作状况,检查散热器的工作状况,检查水管各连接处密封状况,检查冷却液量,缺少一项扣 2 分	
	3	连接诊断仪,读取冷却系有关数据	10 分	正确连接发动机故障诊断仪,正确操作诊断仪,正确读取故障码,正确分析故障码的含义,错误一项扣 2 分	
	4	冷却系泄漏检查	15 分	正确连接泄漏检测仪,规范检测,能根据所测数据查明故障部位,错误一项扣 5 分	
	5	散热器的检查	15 分	正确拆卸散热器,正确检测散热器,错误一项扣 5 分	
	6	水泵的检查	10 分	正确拆卸水泵,正确检测水泵,错误一项扣 5 分	
	7	节温器的检查	10 分	正确拆卸节温器,正确检测节温器,错误一项扣 5 分	
	8	工位复位	10 分	收齐所用工具,恢复车辆和设备的原始状态,缺少一项扣 5 分	
	9	安全、清洁	10 分	无危险状况发生,做好保洁工作,缺少一项扣 5 分	
总　　　分			100 分		

学习任务6　发动机机油压力过低故障的诊断与排除

 学习目标

★ 知识目标

1. 掌握发动机润滑系统的作用与组成；
2. 了解机油的流动路线；
3. 掌握机油报警系统的工作原理；
4. 了解机油压力过低的故障现象及产生的原因。

★ 技能目标

1. 能对机油压力过低进行故障分析；
2. 能根据维修手册，按照诊断流程，正确使用万用表、机油压力测试仪等设备进行故障诊断，确定故障部位；
3. 能安全规范地完成机油的检查与更换、机油压力开关及机油压力的检查、机油泵更换，作业过程严格贯彻执行5S。

 建议课时

8课时。

 任务描述

小李家的一辆1.8T上海大众途观车辆发动机在正常温度和转速时，机油压力警告灯点亮，小李要排除此故障，需要分析故障原因，通过对润滑系统进行检测，确定故障部位并进行修理，那么小李要知道哪些知识呢？

汽车发动机及底盘常见故障诊断与排除

一 理论知识准备

1 汽车发动机润滑系统作用与组成

当发动机工作时,各运动部件都必须用发动机润滑油(也称为机油)来润滑。润滑系统的功用就是将机油输送到发动机各个需要润滑的部位,以达到提高发动机工作可靠性和耐久性的目的。

润滑系统一般由下列部件组成:油底壳、机油泵、润滑油管与油道、机油集滤器、机油滤清器、机油散热器(个别车型配备)、各种阀、机油压力开关(机油压力传感器)、机油压力警告灯(在仪表板上),如图6-1所示。

现代汽车发动机润滑系的组成及油路布置方案大致相似,只是由于润滑系的工作条件和具体结构的不同而稍有差别。

2 机油的流动路线

机油泵与曲轴前油封盖集成一体并安装在曲轴前端,如图6-2所示。图6-3、图6-4分别为润滑系统示意图和机油流动路线图。机油泵由发动机曲轴驱动,将油底壳内的机油经机油集滤器、机油滤清器输送到各润滑部位,润滑结束后的机油流回到油底壳中。

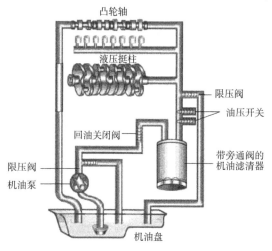

图6-1 润滑系统组成示意图

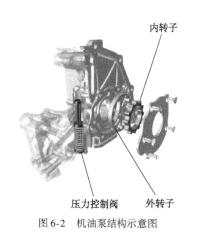

图6-2 机油泵结构示意图

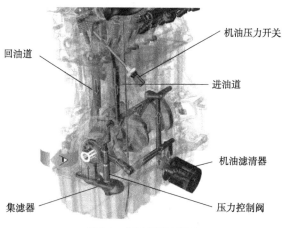

图6-3 润滑系统示意图

3 机油报警系统的工作原理

机油报警系统一般有电源装置、点火开关、机油报警灯、机油压力开关、导线等组成。机油压力达到规定值时,机油压力克服机油压力开关中膜片弹簧压力,使膜片与触点脱离,机油报警灯熄灭,工作原理如图6-5所示;机油压力低于规定值时,机油压力开关中膜

学习任务6 发动机机油压力过低故障的诊断与排除

片弹簧处于自由状态,膜片与触点接触,电路导通,机油报警灯亮,提示驾驶员润滑系统有故障,工作原理如图6-6所示。

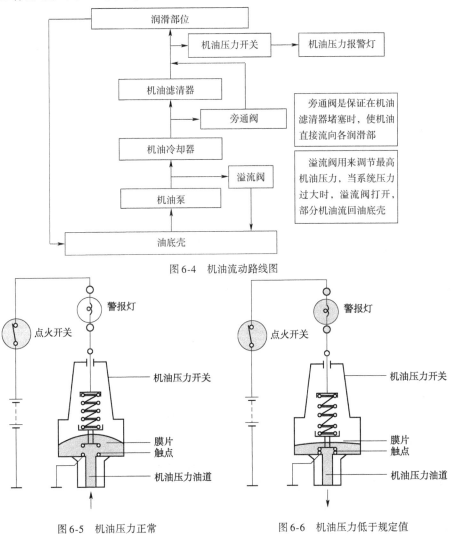

图6-4 机油流动路线图

图6-5 机油压力正常　　图6-6 机油压力低于规定值

常见发动机机油压力的规定值见表6-1。

常见发动机机油压力规定值　　表6-1

发动机型号	条　件	机油压力
丰田5A或8A	急速	49kPa
	转速3000r/min	294 kPa~539 kPa
凯越L91或L79	急速,冷却水温度至少80℃	不小于30 kPa
桑塔纳AJR	转速2000r/min,机油温度至少80℃	200kPa
新桑塔纳	急速,机油温度至少80℃	最低60 kPa
	转速2000r/min,机油温度至少80℃	最低150 kPa
	转速4500r/min,机油温度至少80℃	最低280 kPa

4　机油压力过低的故障现象及原因

（1）故障现象。

①发动机起动后机油压力迅速降至0Pa左右；

②发动机在正常温度和转速下运转时，机油压力始终过低，机油压力警告灯不断闪亮或蜂鸣器报警。

（2）故障原因。

①机油量过少；

②机油黏度过小；

③机油压力表、机油压力传感器失效，或线路断路、短路；

④燃油或冷却液进入油底壳导致机油变质；

⑤机油滤清器或集滤器堵塞；

⑥机油泵工作不良；

⑦机油限压阀弹簧弹力下降或弹簧折断、卡滞；

⑧油管破裂或接头泄漏；

⑨曲轴主轴承、连杆轴承、凸轮轴轴承间隙过大。

（3）诊断步骤。

①拔出机油尺检查机油量是否过少。

②检查机油黏度是否变小，是否有汽油或水分，若有，则应进一步检查何处渗漏。

③检查油路的密封情况。

④拆下机油压力传感器做短时间运转，查看喷油是否有力。若无力，应检查滤芯、旁通阀、限压阀、机油进油管、集滤器、机油泵等工作是否正常；若有力，则说明机油压力传感器或机油压力表故障。

⑤若润滑系部件都正常，则主轴承、连杆轴承、凸轮轴轴承磨损或损坏。

5　机油压力过低的检测工艺流程

机油压力低于规定值，机油压力报警灯亮起，应按照规定的检测工艺流程进行故障分析，如图6-7所示。

机油压力过低故障的诊断步骤与注意事项：

（1）当机油压力警告灯报警或机油压力表显示机油压力过低时，应立即停车检查。首先检查机油液面高度、黏度及品质，同时注意机油是否被燃油或冷却液污染。

（2）检查油压指示装置，区分是机油压力过低，还是由于指示装置失效造成的虚假报警。

打开点火开关，将机油压力表传感器的导线搭铁到缸体，若机油压力表指示最高压力，或指示灯点亮，表明机油压力良好，故障发生在机油压力传感器或润滑系机械部分。

（3）在机油压力传感器的位置安装机油压力表，检测机油压力。通常在转速为1000转每分钟时，机油压力不得低于69kPa。注意拆卸机油压力传感器时要用专用套筒，同时应检查热车急速和中高速时的机油压力。

学习任务6　发动机机油压力过低故障的诊断与排除

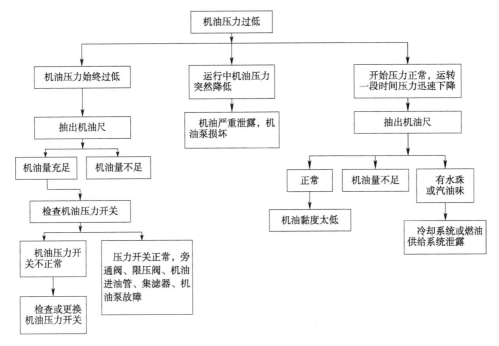

图6-7　机油压力过低故障检测工艺流程图

(4)拆下油底壳,检查集滤器、机油管路等有无堵塞和泄漏,并拆检机油泵,检查机油泵的工作性能。

(5)检查曲轴主轴承、连杆轴承、凸轮轴轴承的配合间隙是否过大。

二 任务实施

(一)任务一:机油的检查与更换

❶ 准备工作

(1)准备好干净的抹布、新机油、机油回收装置;

(2)查阅相关维修手册。

❷ 技术要求与注意事项

(1)发动机机油温度至少60℃;

(2)车辆必须水平放置;

(3)在发动机停转后等待几分钟,让机油能回流到油底壳内。

❸ 操作步骤

1)机油液位检查的具体步骤

(1)选择发动机起动前或停机10~15 min后,将车辆停放在平坦的地面上;

(2)拔出油标尺,用洁净软布擦去机油标尺上面黏附的机油,将机油标尺再次插入油底壳,如图6-8所示;

(3)再次拔出机油标尺,观察机油标尺的机油黏附高度,如图6-9所示;

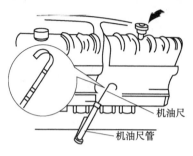

图6-8 机油液面高度的检查

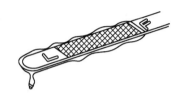

图6-9 机油标尺上表示的液面高度

(4)机油标尺上的两条刻线,上刻线"F"表示机油的最多量,下刻线"L"表示机油的最少量。若机油油迹处于上下线中间,说明油量合适;若机油油迹低于下刻线,则表示油量不足,应添加相同规格的机油;若机油油迹高于上刻线,则表示油量过多,应适当放出。

2)机油油质的检查步骤

(1)起动发动机,待达到正常工作温度后关闭发动机;

(2)拔出机油标尺,将机油标尺上黏附的机油滴在色纸上(最好是滤纸),放置一定的时间后,观察油滴的扩散情况及油斑中心的颜色,如图6-10所示。

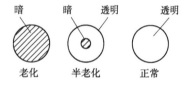

图6-10 机油质量的检查

①油滴的核心部分呈深灰色、褐色且透明,则属正常,机油可继续使用;

②若油滴呈乳液状且油滴的扩散范围较大,外围颜色较浅,说明机油中掺入了燃油或冷却液,则机油已不能继续使用,应更换;

③若油斑上积聚较多金属微粒或黑色沉淀物,说明机油已老化变质,应更换。

3)机油的更换

(1)机油更换周期。

发动机机油使用一定时期后,会逐渐失去润滑性能,必须及时更换。机油更换周期一般为5000~12000km,但车辆运行条件不同,换油的周期也不相同。如车辆行驶在灰尘多的道路上、寒冷季节、潮湿地区等,应适当缩短换油周期。

须更换机油的情况除超出更换周期外,在运行中出现以下情况,也必须更换机油。

①车辆走合期结束;

②发现机油中有水或燃油,机油变质或机油黏度过小;

③发动机出现轴承烧蚀或某机件严重磨损,机油中有大量金属屑。

(2)更换机油的方法及步骤。

①将车辆停放在平坦的地面上,起动发动机并使其处于热状态,然后熄火;

②拧下油底壳上的放油螺塞,趁热放出机油;

③加注规定容量约65%~70%的稀薄机油,起动发动机怠速运转3~5min,熄火后放出油底壳和滤清器内的机油;

④拆下并清洗油底壳及机油滤清器,更换机油滤清器;

⑤安装油底壳;

学习任务6 发动机机油压力过低故障的诊断与排除

⑥拧紧油底壳的放油螺塞;
⑦按规定容量加注新鲜的机油;
⑧检查油底壳内的机油液面高度,应符合规定的高度。

(二)任务二:机油压力开关和机油压力的检查

1 准备工作

(1)准备好机油压力表 VAG1342、常用的拆装工具等;
(2)查阅相关维修手册。

2 技术要求与注意事项

(1)机油液位正常;
(2)发动机机油温度达到大约 80℃;
(3)点火开关打开后,机油压力指示灯应该点亮;
(4)在装有自动检查系统的车辆上,显示屏应该显示"正常"。

3 操作步骤

1.8T 上海大众途观机油压力开关和机油压力检查步骤如下,其他车型请参阅相应的维修手册。

(1)拆下压力开关,将其旋入机油压力表 VAG1342 的孔中,如图 6-11 所示;
(2)将 VAG1342 接头取代机油压力开关旋入缸盖孔中;
(3)将 VAG1342 仪器上的棕色导线搭铁;
(4)将 VAG1527B 连接到蓄电池正极和压力开关之间,此时发光二极管不应亮,否则更换开关;
(5)若二极管不亮,起动发动机,当机油压力在 0.3~0.7bar 之间时,发光二极管应亮,否则更换机油压力开关;
(6)提高发动机转速至 2000 转/分钟,且机油温度为 80℃的情况下,机油压力至少应达到 2bar。

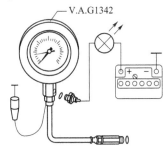

图 6-11 机油压力表连接示意图

(三)任务三:机油泵的更换

1 准备工作

(1)准备好密封剂、常用的拆装工具等;
(2)查阅相关维修手册。

2 技术要求与注意事项

(1)安装过程中要按照规定的力矩拧紧螺栓;
(2)注意密封剂的使用有效期;
(3)残留的密封剂会导致润滑系统污染。

3 操作步骤

(1)拆卸皮带轮侧机油泵。

①拆卸正时齿形皮带；
②拆卸发电机；
③沿箭头方向取下正时齿形皮带轮1，如图6-12所示；
④拆卸油底壳；
⑤按顺序旋出螺栓1~8，小心地将机油泵从黏结面上取下，如图6-13所示。

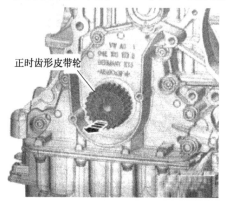

图6-12 正时齿形皮带轮安装位置示意图

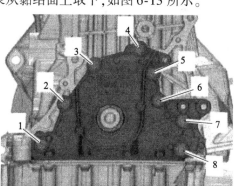

图6-13 密封凸缘/机油泵螺栓位置示意图

（2）安装皮带轮侧机油泵。

①安装以拆卸的相反顺序进行；
②清除汽缸体和机油泵上的残余密封剂；
③清洁密封面的油脂；
④将密封剂管在标记处剪开（管口直径大约3mm）；
提示：注意密封剂的使用有效期。
⑤将密封垫安装到汽缸体定位销上，如图6-14所示；
⑥安装机油泵，使机油泵上的标记（箭头A）与曲轴上的标记（箭头B）对齐，并小心地

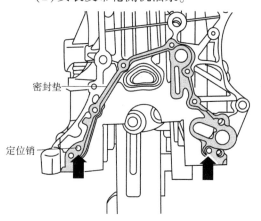

图6-14 安装密封垫

安装到定位销上，如图6-15所示；

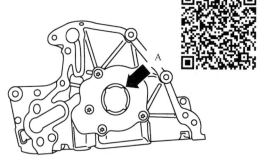

图6-15 机油泵上的标记和曲轴上的标记位置示意图

学习任务 6 发动机机油压力过低故障的诊断与排除

⑦按顺序拧紧螺栓 1~8,如图 6-13 所示;
⑧安装油底壳;
⑨加注发动机机油,检查油位。

三 学习拓展

润滑系统常见故障除了机油压力过低外,还有机油压力过高、机油消耗过多、机油变质等故障。

❶ 机油压力过高

(1)故障现象。
发动机在正常温度和转速下,机油压力表读数高于规定值。
(2)故障原因。
①压力表或机油压力传感器失效;
②油底壳油面太高;
③机油黏度太大;
④机油限压阀发卡或调整不当;
⑤油道内积垢或轴承间隙太小。
(3)诊断步骤。
①首先检查油底壳油面是否太高、黏度是否太大;
②检查机油表、机油压力传感器是否失效;
③检查限压阀弹簧,检查轴承间隙是否过小;
④检查滤清器滤芯是否堵塞,旁通阀弹簧是否过硬;
⑤检查主油道是否堵塞。

❷ 机油消耗过多

(1)故障现象。
排气冒蓝烟,汽缸内积炭增多。
(2)故障原因。
①活塞、活塞环与汽缸壁的间隙过大,或活塞环与环槽的侧隙过大;
②气门与气门导管间隙过大,或气门密封圈失效;
③发动机各部件密封表面漏油;
④曲轴箱通风不良。

❸ 机油变质

(1)故障现象。
①颜色发生明显变化,失去黏性;
②含有水分,机油乳化成乳浊状并有泡沫。
(2)故障原因。
①活塞环漏气;

②机油老化变质；
③机油滤清器堵塞，失去滤清作用；
④曲轴箱通风不良；
⑤缸体或缸垫漏水。

四 评价与反馈

1 自我评价

(1) 通过本学习任务的学习你是否已经知道以下问题：
①机油的流动路线是怎样的？＿＿＿＿＿＿＿＿＿＿＿＿＿＿＿＿＿。
②机油压力警告灯什么时候点亮？＿＿＿＿＿＿＿＿＿＿＿＿＿＿。
③更换机油泵过程中遇到了哪些问题？你是如何解决的？＿＿＿＿＿。

(2) 检查机油压力开关和机油压力操作过程中用到了哪些设备？
＿＿＿＿＿＿＿＿＿＿＿＿＿＿＿＿＿＿＿＿＿＿＿＿＿＿＿＿＿＿。

(3) 实训过程完成情况如何？
＿＿＿＿＿＿＿＿＿＿＿＿＿＿＿＿＿＿＿＿＿＿＿＿＿＿＿＿＿＿。

(4) 通过本学习任务的学习，你认为自己的知识和技能还有哪些欠缺？
＿＿＿＿＿＿＿＿＿＿＿＿＿＿＿＿＿＿＿＿＿＿＿＿＿＿＿＿＿＿。

签名：＿＿＿＿＿＿　　　＿＿＿年＿＿月＿＿日

2 小组评价（表6-2）

小组评价表　　　　　　　表6-2

序号	评价项目	评价情况
1	着装是否符合要求	
2	是否能合理规范地使用仪器和设备	
3	是否按照安全和规范的流程操作	
4	是否遵守学习、实训场地的规章制度	
5	是否能保持学习、实训场地整洁	
6	团结协作情况	

参与评价的同学签名：＿＿＿＿＿＿　　　＿＿＿年＿＿月＿＿日

3 教师评价

＿＿＿＿＿＿＿＿＿＿＿＿＿＿＿＿＿＿＿＿＿＿＿＿＿＿＿＿＿＿

＿＿＿＿＿＿＿＿＿＿＿＿＿＿＿＿＿＿＿＿＿＿＿＿＿＿＿＿＿＿。

教师签名：＿＿＿＿＿＿　　　＿＿＿年＿＿月＿＿日

五 技能考核标准

根据学生完成实训任务的情况评价其学习效果。表6-3～表6-5为技能考核标准表。

学习任务6 发动机机油压力过低故障的诊断与排除

技能考核标准表（任务一） 表6-3

序号	任务	操作内容	规定分	评分标准	得分
1	机油的检查与更换	记录车辆铭牌信息	5分	记录信息是否全面，缺少一个信息扣1分	
2		确认满足检查情况	5分	检查是否到位，检查不到位扣5分	
3		机油液位检查	10分	检查动作是否准确标准，并给出正确结论，滴机油扣2分，检查方法不对扣2分	
4		机油油质的检查	10分	油质是否符合标准，并给出正确结论，检查方法不对扣5分	
5		机油的更换	25分	是否正确回收旧机油，是否按照要求添加机油，不会使用机油回收装置扣10分，旧机油排放不净扣5分，不按要求拧紧放油螺栓扣5分	
6		机油滤清器的更换	20分	是否按照维修手册要求更换，安装前不检查与润滑机油滤清器扣10分，不按要求拧紧滤清器扣5分	
7		旧机油的处理	5分	是否按照要求回收旧机油，旧机油乱丢扣5分	
8	安全生产		5分	有无安全隐患，工作中受伤扣5分，工具、设备损坏扣5分	
9	现场5S		10分	是否做到5S，工具、设备整理不到位扣5分，工位不清洁整理扣5分	
10	劳动纪律		5分	是否严格遵守，不遵守劳动纪律扣5分	
	总　　分		100分		

技能考核标准表（任务二） 表6-4

序号	任务	操作内容	规定分	评分标准	得分
1	机油压力开关和机油压力的检查	记录车辆铭牌信息	5分	记录信息是否全面，缺少一个信息扣1分	
2		确认满足检查前提条件	10分	机油液位是否正常，机油温度是否符合要求，机油压力指示灯是否正常，漏检查一项扣2分，扣分不能超过10分	

续上表

序号	任务	操作内容	规定分	评分标准	得分
3	机油压力开关和机油压力的检查	检查机油压力开关	30分	检查方法是否准确,并给出正确结论,连接方式不对扣15分,操作方法不对扣15分	
4		检查机油压力	30分	检查方法是否准确,并给出正确结论,读取方法不对扣15分,不能参照标准给出结论扣15分	
5		旧机油的处理	5分	是否按照要求回收旧机油,旧机油乱丢扣5分	
6	安全生产		5分	有无安全隐患,工作中受伤扣5分,工具、设备损坏扣5分	
7	现场5S		10分	是否做到5S,工具、设备整理不到位扣5分,工位不清洁整理扣5分	
8	劳动纪律		5分	是否严格遵守,不遵守劳动纪律扣5分	
	总 分		100分		

技能考核标准表(任务三)　　　　表6-5

序号	任务	操作内容	规定分	评分标准	得分
1	机油泵的更换	记录车辆铭牌信息	5分	记录信息是否全面,缺少一个信息扣1分	
2		确认满足检查前提条件	10分	机油液位是否正常,机油温度是否符合要求,机油压力指示灯是否正常,漏检查一项扣2分,扣分不能超过10分	
3		拆卸机油泵	30分	是否按照维修手册要求拆卸,不按顺序拆螺丝扣5分,损坏零件扣5分	
4		安装机油泵	30分	是否按照维修手册要求安装,不按顺序拧紧螺丝扣5分,未清洁密封面油脂扣5分	
5		旧机油的处理	5分	是否按照要求回收旧机油,旧机油乱丢扣5分	
6	安全生产		5分	有无安全隐患,工作中受伤扣5分,工具、设备损坏扣5分	
7	现场5S		10分	是否做到5S,工具、设备整理不到位扣5分,工位不清洁整理扣5分	
8	劳动纪律		5分	是否严格遵守,不遵守劳动纪律扣5分	
	总 分		100分		

学习任务 7　汽车离合器分离不彻底故障的诊断与排除

 学习目标

⭐ **知识目标**

1. 掌握离合器故障检修的相关知识及信息；
2. 掌握汽车离合器的结构与特点，以及其工作过程；
3. 了解离合器分离不彻底的故障现象。

⭐ **技能目标**

1. 能分析故障产生的原因，选择合理的诊断检查方案，正确进行故障部位检查；
2. 能按照维修手册完成离合器自由行程的调整和液压系统排空气的操作；
3. 能按照维修手册安全规范地完成离合器总成的更换；
4. 会按离合器故障排除的检验标准实施检验；
5. 能向客户解释故障判断及处理结果；
6. 能把本次诊断与排除的故障编写成案例或技术公报。

 建议课时

8 课时。

 任务描述

小王驾驶的是一台丰田卡罗拉轿车，其在驾驶过程中出现以下两种情况：一是离合器踏板踩到底，挂挡困难；二是即便勉强挂上挡后，尚未放松离合器踏板时，汽车就已开始行驶。

送厂检测后初步诊断为离合器故障,需进一步拆检,确定故障部位,然后对离合器进行维修、调整及排除故障。针对此故障的维修,他还想知道会做这些都需要哪些知识和技能。

一 理论知识准备

离合器是汽车传动系的组成部分,装在发动机与变速器之间。当汽车起步或变速器换挡时,它使发动机与传动系暂时分离,以中断动力传递,随后又使之逐渐接合,以便传递动力。在汽车机械式传动系中广泛应用的是摩擦式离合器,如图 7-1 所示。

1 离合器的功用、要求和类型

1)离合器的功用

当汽车采用机械式传动系时,在发动机与变速器之间均装设离合器,其功用是:

(1)保证汽车平稳起步;

(2)便于换挡;

(3)防止传动系过载。

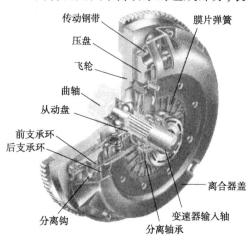

图 7-1　离合器结构

2)离合器的要求

根据离合器的功用,应满足以下主要要求:

(1)保证能传递发动机发出的最大转矩,并且还有额外的传递转矩余力;

(2)能做到分离时彻底分离,接合时柔和,并具有良好的散热能力;

(3)从动部分的转动惯量尽量小一些,从而减轻齿轮间冲击;

(4)具有缓和转动方向冲击、衰减该方向振动的能力,且噪声小;

(5)压盘压力和摩擦片的摩擦系数变化小,工作稳定;

(6)操纵省力,维修方便。

3)离合器的类型

目前,几乎汽车上全用摩擦式离合器。摩擦式离合器按从动盘的数目不同,可分为单片式、双片式和多片式;按操纵机构的不同又可分为机械、液压式、气压式和空气助力式等;按弹簧的类型和布置形式不同,可分为周布弹簧式、中央弹簧式、斜置弹簧式以及膜片弹簧式,其中膜片弹簧式离合器使用最多。

2 膜片弹簧式离合器的组成及工作原理

1)膜片弹簧式离合器的组成

图 7-2 所示膜片弹簧式离合器,由主动部分、从动部分、压紧装置和分离操纵机构四部分组成。

(1)主动部分。

主动部分主要由飞轮和离合器盖总成组成。离合器盖总成由螺栓固定在发动机飞轮上,与发动机一起旋转。离合器盖总成由压盘、离合器盖、膜片弹簧、支撑环、铆钉和传动片组成。

学习任务7 汽车离合器分离不彻底故障的诊断与排除

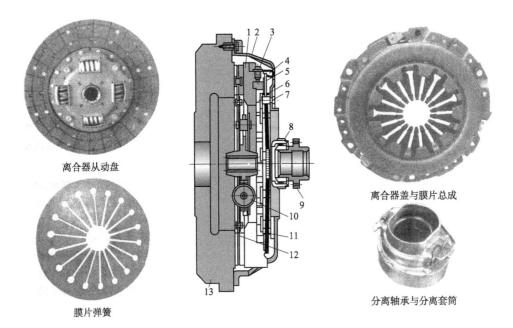

图 7-2 膜片弹簧离合器的结构

1-压盘;2-离合器盖;3-螺钉;4-分离钩;5-膜片弹簧;6、11-钢丝支撑环;7-固定螺钉;8-分离轴承;9-分离套筒;10-扭转减振器;12-从动盘;13-飞轮

(2) 从动部分。

离合器从动部分主要是从动盘。从动盘毂通过花键与变速器输入轴配合。从动盘的两个摩擦面通过摩擦传递发动机转矩。轿车离合器从动盘带有扭转减振器,其主要特点是:铆有摩擦片的从动盘钢片与带有花键的从动盘毂不是用铆钉刚性连接,而是靠四周均布的减振弹簧弹性连接,当传递转矩时,由摩擦片传来的转矩首先传到从动盘钢片和扭转减振器盖上,再经减振弹簧传给从动盘毂,这时减振弹簧被压缩,缓和了由发动机传来的扭转振动。故扭转减振器增加了离合器接合时的柔和性。

(3) 压紧装置。

压紧装置由压盘、离合器盖、膜片弹簧、支撑环、支撑环定位铆钉、传动钢片和分离钩组成。

①膜片弹簧。膜片弹簧用薄弹簧钢板制成,形状为碟形。其上开出多条径向切槽,切槽内端开通,外端为圆形,形成分离杠杆。膜片弹簧既起压紧弹簧的作用,又起分离杠杆的作用。

②支撑环。两个支撑环位于膜片弹簧前后面上,用铆钉夹持在离合器盖上,作为膜片弹簧变形时的支点,膜片弹簧的外缘就压在压盘的环形台上。

③传动钢片与分离钩。一端与离合器盖铆接,另一端连同分离钩一起固定于压盘上,用以传递转矩和分离压盘。

④分离操纵机构。分离操纵机构分为机械式和液压式,图 7-2 所示机械式分离机构,分离轴承和分离套筒压装成一体,松套在从动轴的轴套上。分离叉是中部有支点的杠杆,离合器踏板安装在驾驶舱里。

图7-3所示桑塔纳2000型轿车膜片弹簧离合器。

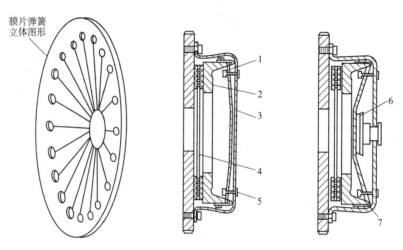

图7-3 桑塔纳2000型轿车膜片弹簧离合器

1-支撑环;2-压盘;3-膜片弹簧;4-从动盘;5-支撑环定位铆钉;6-分离轴承;7-分离钩(复位弹簧片)

2)膜片弹簧式离合器工作原理

(1)接合状态。

离合器处于接合状态时,弹簧将压盘、飞轮及从动盘互相压紧。发动机的转矩经飞轮及压盘,通过摩擦面的摩擦带动从动盘,再经从动轴向传动系输出转矩(图7-4)。图7-5所示离合器的组成和工作原理。

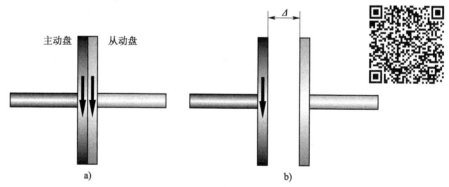

图7-4 离合器的基本工作原理

离合器所能传递的最大转矩应适当高于发动机的最大转矩。

(2)分离过程。

踏下离合器踏板时,拉杆拉动分离拨叉外端向右移动,分离拨叉内端通过分离轴承推动分离杠杆的内端向左移动,分离杠杆外端便拉动压盘向右移动,使其在进一步压缩压紧弹簧的同时,解除对从动盘的压力。于是离合器的主、从动部分处于分离状态而中断动力传递。

(3)接合过程。

当需要恢复动力传递时,缓慢抬起离合器踏板,分离轴承减小对分离杠杆内端的压

学习任务7　汽车离合器分离不彻底故障的诊断与排除

力,压盘便在复位弹簧作用下逐渐压紧从动盘,并使所传递的转矩逐渐增大。当所能传递的转矩小于汽车起步阻力时,汽车不动,从动盘不转,主、从动盘摩擦面间完全打滑;当所能传递的转矩达到足以克服汽车开始起步的阻力时,从动盘开始旋转,汽车开始移动,但从动盘的转速仍低于飞轮的转速,即摩擦面间仍存在部分打滑现象。随着压力的不断增加和汽车的不断加速,主、从动部分的转速差逐渐减小,直到转速相等、滑磨现象消失、离合器完全接合为止,接合过程才结束。由上述可知,汽车平稳起步是靠离合器逐渐接合过程中滑磨程度的变化来实现的。

离合器接合后,在复位弹簧的作用下,踏板回到最高位置,分离拨叉内端回到最右位置。分离轴承则在复位弹簧的作用下离开分离杠杆,向右紧靠在分离拨叉上。

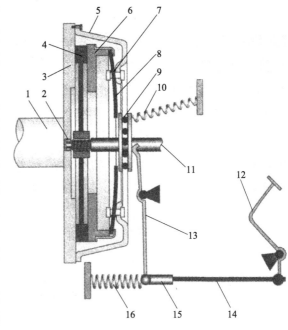

图7-5　离合器的组成和工作原理

1-曲轴;2-轴承;3-飞轮;4-从动盘;5-离合器盖;6-压盘;7-钢丝支撑环;8-膜片弹簧;9-分离轴承和分离套筒;10、16-复位弹簧;11-从动轴;12-踏板;13-分离拨叉;14-拉杆;15-调节叉

❸ 离合器分离不彻底的故障现象

(1)汽车起步时,将离合器踏板踩到底仍感觉挂挡困难,或虽然强行挂上挡,但在没有抬起踏板时,汽车就前移或发动机熄火。

(2)变速时挂挡困难,并伴有变速器齿轮撞击声。

❹ 离合器分离不彻底的原因

(1)离合器踏板自由行程过大;
(2)离合器分离杠杆不在同一平面上;
(3)离合器从动盘翘曲、铆钉松脱或换用了过厚的新摩擦片;
(4)离合器从动盘毂键槽与变速器一轴键齿锈蚀,使其移动困难;
(5)双片式离合器中间压盘限位螺钉调整不当;
(6)离合器液压操纵系统不良。

二　任务实施

(一)任务一:汽车离合器踏板的检查与调整

❶ 准备工作

(1)准备好相关器材并整理好工位;

(2)将汽车停驻在举升机的中央位置,并将举升臂对准支撑部位;

(3)拉紧驻车制动器操纵杆;

(4)套上转向盘护套和座椅套,铺好脚垫;

(5)打开发动机罩并粘贴翼子板和前格栅护裙。

❷ 技术要求与注意事项

(1)离合器踏板高度:143.6~153.6mm;

(2)离合器踏板自由行程:5~15mm;

(3)检查离合器分离点时,应保持安全距离,车前、车后均不准站人;

(4)如果离合器油液接触到任何涂漆表面,请立即进行清洗。如果要对离合器系统进行任何操作或怀疑离合器管路内有空气进入,则应对离合器液压系统进行放气。

❸ 操作步骤

1)检查并调整离合器踏板高度

(1)翻起地毯。

(2)检查并确认离合器踏板高度正确(图7-6)。

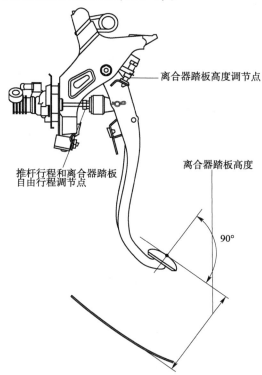

图7-6 检查离合器踏板高度

(3)松开锁紧螺母并转动限位螺栓(图7-7),直至获得正确的离合器踏板高度。

(4)拧紧锁紧螺母。

2)检查离合器踏板自由行程和推杆行程

(1)检查并确认离合器踏板自由行程和推杆行程正确(图7-8)。

学习任务7　汽车离合器分离不彻底故障的诊断与排除

①踩下离合器踏板直至开始感觉到离合器阻力。
②轻轻踩下离合器踏板直至阻力开始增大。

图7-7　松开锁紧螺母并转动限位螺栓

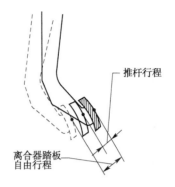

图7-8　检查离合器踏板自由行程

(2)调整离合器踏板自由行程和推杆行程。
①松开锁紧螺母并转动推杆(图7-9),直至获得正确的离合器踏板自由行程和推杆行程。
②拧紧锁紧螺母。
③调整好离合器踏板自由行程后,检查离合器踏板高度。

3)检查离合器分离点
(1)拉紧驻车制动器操纵杆。
(2)安装车轮止动楔(图7-10)。

图7-9　松开锁紧螺母并转动推杆

图7-10　安装车轮止动楔

(3)起动发动机并使其怠速运转。
(4)未踩下离合器踏板时,缓慢移动变速杆至倒挡,直至齿轮接触。
(5)逐渐踩下离合器踏板,并测量从齿轮噪声停止点(分离点)到离合器踏板行程终点位置的行程距离(图7-11)。

如该距离不符合规定,则执行以下程序:
①检查离合器踏板高度。
②检查推杆行程和离合器踏板自由行程。
③对离合器管路进行放气。

④检查离合器盖和离合器盘。

(二)任务二:离合器油液的添加与液压系统的放气

1 准备工作

(1)准备好相关器材并整理好工位;

(2)将汽车停驻在举升机的中央位置,并将举升臂对准支撑部位;

(3)拉紧驻车制动器操纵杆;

(4)套上转向盘护套和座椅套,铺好脚垫;

(5)打开发动机罩并粘贴翼子板和前格栅护裙。

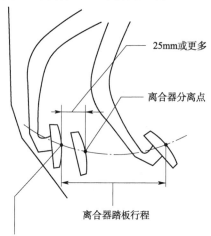

图7-11 检查离合器分离点

2 技术要求与注意事项

(1)储液罐中工作油液的液面应保持在"MAX"与"MIN"两个标记之间;

(2)如果离合器油液接触到任何涂漆表面,请立即进行清洗,如果要对离合器系统进行任何操作或怀疑离合器管路内有空气进入,则应对离合器液压系统进行放气;

(3)不要把用过的油液与生活垃圾一起处理;

(4)油液具有刺激性,会刺激皮肤和眼睛,如果皮肤接触了油液,应立即用肥皂水或洗手液彻底清洁接触部位。

3 操作步骤

(1)检查制动液储液罐内油液是否充足(图7-12),不足应加注。

(2)拆下放气螺塞盖(图7-13)。

图7-12 检查制动液储液罐内油液是否充足

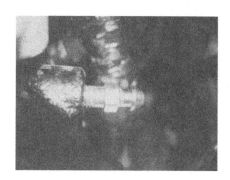

图7-13 拆下放气螺塞盖

(3)将塑料管连接至放气螺塞(图7-14)。

(4)踩下离合器踏板数次,并在踩下离合器踏板时松开放气螺塞(图7-15)。

(5)离合器油液不再外流时,拧紧放气螺塞,然后松开离合器踏板。

(6)重复第4、5步操作,直至离合器油液中的空气全部放出。

(7)拧紧放气螺塞。

学习任务7 汽车离合器分离不彻底故障的诊断与排除

(8)安装放气螺塞盖。

(9)检查并确认离合器管路中的空气已全部放出。

(10)检查储液罐中的油液液位。

图7-14 将塑料管连接至放气螺塞

图7-15 松开放气螺塞

(三)任务三:离合器的拆卸与装配

❶ 准备工作

(1)准备好相关器材并整理好工位;

(2)将汽车停驻在举升机的中央位置,并将举升臂对准支撑部位;

(3)拉紧驻车制动器操纵杆;

(4)套上转向盘护套和座椅套,铺好脚垫;

(5)打开发动机罩并粘贴翼子板和前格栅护裙。

❷ 技术要求与注意事项

(1)安装时,严禁将油液、油脂和水黏附到离合器压盘和从动盘上;

(2)离合器盖压紧螺栓按照"对角多遍"的要求旋松或拧紧。

❸ 操作步骤

1)离合器的拆卸

(1)离合器总成的拆卸与分解。

①拆卸离合器时,首先要拆下变速器;

②在离合器盖与飞轮上做装配记号;

③以对角方式拧松并拆下压盘与飞轮的固定螺栓,取下压盘总成、离合器从动盘;

④在离合器盖与压盘之间及膜片弹簧之间做对应标记,进行分解;

⑤拆下膜片弹簧装配螺栓,分离压盘及膜片与离合器盖。

(2)拆卸主缸。

①取下离合器踏板与主缸推杆叉的连接销轴;

②从主缸上拧下进油管和出油管接头;

③拧下主缸固定螺栓,拉出主缸。

在解体离合器主缸前,应排净主缸中的制动液。主缸分解过程是:取下防尘罩,用螺钉旋具或挡圈钳拆下挡圈,拉出主缸推杆、压盖和活塞。

(3)拆卸工作缸。

拧下工作缸进油管接头,再拆下工作缸固定螺栓,即可拉出工作缸。

工作缸的分解过程是:拉出工作缸推杆,拆下防尘罩,然后用压缩空气将工作缸从筒内压出来。

2)离合器的装配

离合器的装配应大致按拆卸的相反顺序进行,与此同时,还应注意以下几点:

(1)确保离合器盖与压盘及膜片弹簧按对应标记对齐;

(2)各支点和轴承表面以及分离轴承在组装时应涂上锂基润滑脂;

(3)安装离合器从动盘时,有减振弹簧保持架的一面应朝向压盘方向;

(4)安装离合器压盘总成时,需用导向定位器或变速器输入轴进行中心定位,使从动盘与压盘同心,以便安装输入轴;

(5)压盘必须与飞轮接触,才可紧固螺栓,紧固时应按对角线方向逐次拧紧;

(6)分离拨叉两端必须同心;

(7)将离合器踏板的自由行程调到5~15mm;

(8)主缸和工作缸零件在装配前要用非腐蚀性液体清洗干净,并在活塞、皮碗、皮圈、缸套等零件上涂一层制动液,装配后推杆在缸筒内运动应灵活,在放松(不工作)位置时,主缸皮碗和活塞头部应位于进油孔和补偿孔之间,两孔都打开,工作缸上带有塑料支撑环,安装时外表面要涂上一层薄薄的润滑油,工作缸推杆末端也要涂上润滑脂;

(9)安装离合器工作缸时,需要用一个适当的杠杆克服弹簧的弹力,将其压向变速器壳相应的孔中后,方能将固定螺栓旋入。

三 学习拓展

除离合器分离不彻底故障外,离合器常见的故障还有离合器打滑、离合器接合不平顺和离合器异响等。

❶ 离合器打滑

(1)离合器打滑的现象。

汽车低挡起步时,离合器踏板抬起后,汽车不能起步或起步不灵敏;汽车加速行驶时,行驶速度不能随发动机转速的升高而升高,且伴随有离合器发热、产生煳味或冒烟等现象;拉紧驻车制动器操纵杆低挡起步时,发动机不熄火。

(2)离合器打滑的原因及排除方法。

离合器打滑的根本原因是离合器的主、从动盘接触面部分摩擦阻力矩不足,发动机输出转矩不能全部传给传动系统。

❷ 离合器接合不平顺

(1)离合器接合不平顺的现象。

汽车起步时,严格执行操作规程,离合器接合时产生振抖,严重时整车都产生振抖现象。

学习任务7 汽车离合器分离不彻底故障的诊断与排除

(2)离合器接合不平顺的原因及排除方法。

离合器发抖的根本原因是压盘表面与从动盘摩擦片表面、飞轮接触表面之间在同一平面内接触有先后,而不是同一时间,使得接触不平顺,引起发抖。

❸ 离合器异响

(1)离合器异响的现象。

离合器分离和接合时产生不正常的响声。

(2)离合器异响的原因和排除方法。

①离合器分离轴承响。

分离轴承响的原因是由于分离轴承与膜片弹簧的长时间接合旋转,造成储存在轴承内的润滑脂耗尽,使轴承内滚珠缺油而进行干摩擦或轴承失效(卡死或损坏)。轿车离合器分离轴承为封闭式,装配时注入润滑脂,平时无法加油,因此其分离轴承有异响时,应更换。

②离合器接合时发响。

松下离合器踏板时瞬间发响的根本原因在于主、从动件连接部位松旷,而当离合器主、从动件接合的瞬间,由于惯性冲击的作用,在松旷处发生运动件移动撞击。

四 评价与反馈

❶ 自我评价

(1)通过本学习任务的学习,你是否已经知道以下问题:

①拆装离合器时应注意哪些问题?＿＿＿＿＿＿＿＿＿＿＿＿＿＿＿＿＿＿＿＿＿。

②添加离合器油时应注意哪些问题?＿＿＿＿＿＿＿＿＿＿＿＿＿＿＿＿＿＿＿。

(2)离合器分离不彻底的主要原因是什么?

＿＿＿＿＿＿＿＿＿＿＿＿＿＿＿＿＿＿＿＿＿＿＿＿＿＿＿＿＿＿＿＿＿＿＿＿＿。

(3)实训过程完成情况如何?

＿＿＿＿＿＿＿＿＿＿＿＿＿＿＿＿＿＿＿＿＿＿＿＿＿＿＿＿＿＿＿＿＿＿＿＿＿。

(4)通过本学习任务的学习,你认为自己的知识和技能还有哪些欠缺?

＿＿＿＿＿＿＿＿＿＿＿＿＿＿＿＿＿＿＿＿＿＿＿＿＿＿＿＿＿＿＿＿＿＿＿＿＿。

❷ 小组评价(表7-1)

小组评价表　　　　　　　　　　　　　　　　表7-1

序号	评价项目	评价情况
1	着装是否符合要求	
2	是否能合理规范地使用仪器和设备	
3	能否按照安全和规范的流程操作	
4	是否遵守学习、实训场地的规章制度	
5	是否能保持学习、实训场地整洁	
6	团结协作情况	

参与评价的同学签名:＿＿＿＿＿＿　　＿＿＿年＿＿月＿＿日

3 教师评价

签名：_____　　　_____年___月___日

五　技能考核标准

根据学生完成实训任务的情况评价其学习效果。表7-2～表7-4为技能考核标准表。

技能考核标准表（任务一）　　　　表7-2

序号	任务	操作内容	规定分	评分标准	得分
1	汽车离合器踏板的检查与调整	记录车辆信息	5分	记录信息是否全面，缺少一个信息扣2分	
2		安全及防护用品安装	10分	是否正确安装三件套及挡块，支撑部位是否合理，错一处扣5分	
3		离合器踏板高度的检查与调整	40分	检查调整步骤是否正确，是否调整至正确的位置，错一处扣10分	
4		离合器踏板自由行程的检查与调整	40分	检查调整步骤是否正确，是否调整至正确的位置，错一处扣10分	
5		场地及工具整理	5分	任务完成后能否对场地及设备进行清洁、整理，遗漏一处扣2分	
总　分			100分		

技能考核标准表（任务二）　　　　表7-3

序号	任务	操作内容	规定分	评分标准	得分
1	离合器油液的添加与液压系统的放气	记录车辆信息	5分	记录信息是否全面，缺少一个信息扣2分	
2		安全及防护用品安装	10分	是否正确安装三件套及挡块，支撑部位是否合理，错一处扣5分	
3		离合器油的检查	40分	能否正确检查离合器油液位及油质，错一处扣10分	
4		离合器油的添加与液压系统放气	40分	操作步骤是否规范、合理并保证安全，能否正确选用手动变速器油，错一处扣10分	
5		场地及工具整理	5分	任务完成后能否对场地及设备进行清洁、整理，遗漏一处扣2分	
总　分			100分		

学习任务7 汽车离合器分离不彻底故障的诊断与排除

技能考核标准表(任务三) 表7-4

序号	任务	操作内容	规定分	评分标准	得分
1	离合器的拆卸与装配	记录车辆信息	5分	记录信息是否全面,缺少一个信息扣2分	
2		安全及防护用品安装	10分	是否正确安装三件套及挡块,支撑部位是否合理,错一处扣5分	
3		拆装	20分	拆装步骤是否合理,有无前后干涉,错一处扣5分	
4		拆装工艺	20分	拆装工艺是否规范,是否正确使用工、量具,工艺错误或造成工具、零件损坏一处扣5分	
5		查找出故障原因及部位	20分	能否分析判断故障原因,指出故障部位,未能指出扣20分,故障判断错误一处扣10分	
6		排除故障	20分	能否排除故障,不能排除故障不得分	
7		场地及工具整理	5分	任务完成后能否对场地及设备进行清洁、整理,遗漏一处扣2分	
总 分			100分		

学习任务 8　手动变速器挂挡困难故障的诊断和排除

　学习目标

★ **知识目标**

1. 掌握手动变速器故障检修的相关知识及信息；
2. 掌握汽车手动变速器的结构特点与工作原理；
3. 了解挂挡困难的故障现象。

★ **技能目标**

1. 能分析故障产生的原因，选择合理的诊断检查方案，正确进行故障部位检查；
2. 能按照维修手册安全规范地完成换挡操纵机构的调整；
3. 能按照维修手册安全规范地完成变速器油的油量和品质检查，且能补充和更换变速器油，正确处置废油；
4. 会按手动变速器故障排除的检验标准实施检验；
5. 向客户解释故障判断及处理结果；
6. 能把本次诊断与排除的故障编写成案例或技术公报。

　建议课时

12 课时。

小王驾驶的轿车在行驶过程中出现了手动变速器换挡困难的现象。送厂检测后初步诊断为变速器故障。小王想知道这个故障需要进行哪些拆检、如何确定故障部位，然后怎

学习任务8　手动变速器挂挡困难故障的诊断和排除

样对变速器进行维修、调整及排除故障。

一　理论知识准备

1 变速器的功用

变速器的安装位置如图8-1所示,其作用是将离合器传来的动力传给万向传动装置或驱动桥。

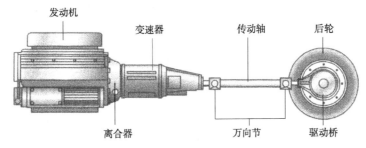

图8-1　变速器的安装位置

(1)实现变速、变矩。改变传动比,扩大驱动轮转速和转矩的变化范围,以适应汽车在不同工况下所需的牵引力和合适的行驶速度,并使发动机尽量在最佳的工况下工作。变速器是依靠不同的挡位来实现这一功用的。

(2)实现倒车。发动机的旋转方向从前往后看为顺时针方向,且不能改变。为了实现汽车的逆向行驶,变速器中设置了倒挡。

(3)实现中断动力传动。在发动机起动和怠速运转、变速器换挡、汽车滑行和暂时停车等情况下,都需要中断发动机的动力传递,因此变速器中设有空挡。

2 变速器的种类

变速器按传动比的级数可分为有级式、无级式和综合式三种;按操纵方式可分为手动变速器、自动变速器和手动自动一体化变速器三种。

3 齿轮传动的基本原理

齿轮传动的基本原理如图8-2所示,一对齿数不同的齿轮啮合传动时可以实现变速,而且两齿轮的转速比与其齿数成反比。主动齿轮(即输入轴)转速与从动齿轮(即输出轴)转速之比值称为传动比。

当小齿轮驱动大齿轮时,输出转速降低,为减速传动,此时传动比大于1;当大齿轮驱动小齿轮时,输出转速升高,为增速传动,此时传动比小于1(图8-2)。

4 变速器的结构和工作原理

手动变速器包括变速传动机构和操纵机构两大部分(图8-3)。变速传动机构的作用是改变转矩和转速的数值和方向;操纵机构的作用是实现变速器传动比的变换——换挡。

变速传动机构是变速器的主体。手动变速器按工作轴的数量(不包括倒挡轴),可分为两轴式变速器和三轴式变速器。

1)两轴式变速器

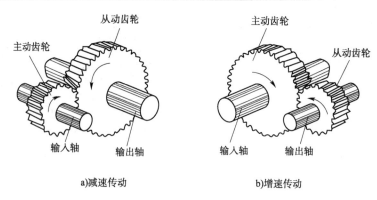

a)减速传动 b)增速传动

图8-2 齿轮传动的基本原理

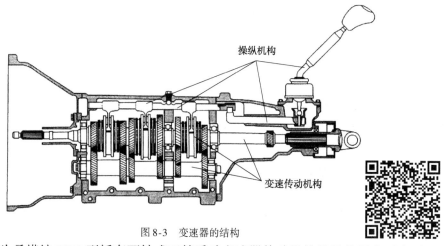

图8-3 变速器的结构

图8-4为桑塔纳2000型轿车两轴式五挡手动变速器传动机构的结构图和示意图。

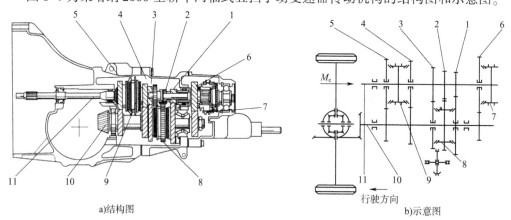

a)结构图 b)示意图

图8-4 桑塔纳2000型轿车两轴式五挡手动变速器传动机构

1-一挡齿轮;2-倒挡齿轮;3-二挡齿轮;4-三挡齿轮;5-四挡齿轮;6-五挡齿轮;7-五挡同步器;8-一、二挡同步器;9-三、四挡同步器;10-输出轴;11-输入轴

该变速器的变速传动机构有输入轴和输出轴,两轴平行布置,输入轴同时是离合器的从动轴,输出轴是主减速器的主动圆锥齿轮轴。该变速器具有五个前进挡(一至三挡为降速挡,四挡为直接挡,五挡为超速挡)和一个倒挡,并全部采用锁环式惯性同步器换挡。

学习任务 8　手动变速器挂挡困难故障的诊断和排除

变速器的输入轴前端通过轴承支撑在发动机曲轴后端的中心孔内。输入轴上有一至五挡主动齿轮和倒挡齿轮以及三、四挡和五挡同步器。各机件的安装位置从前往后依次为四挡主动齿轮，三、四挡同步器，三挡主动齿轮，二挡主动齿轮，倒挡主动齿轮，一挡主动齿轮。其中，倒挡主动齿轮、一挡主动齿轮与轴制成一体，三、四、五挡主动齿轮及五挡同步器都通过轴承支撑在输入轴上，三、四挡同步器和五挡齿圈都通过花键固定在输入轴上。

输出轴与主减速器的主动锥齿轮制成一体，其上相应地有主减速器主动锥齿轮、一至五挡从动齿轮和一、二挡同步器。各机件的安装位置从前往后依次为主减速器主动锥齿轮，四挡从动齿轮，三挡从动齿轮，二挡从动齿轮，一、二挡同步器，一挡从动齿轮，五挡从动齿轮等。其中，三、四、五挡从动齿轮及一、二挡同步器与输出轴制成一体，一、二挡从动齿轮通过轴承支撑在输出轴上。

各挡传动路线见表 8-1。

桑塔纳 2000 轿车变速器动力传动路线　　　　　　　　　表 8-1

挡位	动　力　传　递　路　线
一挡	变速器操纵杆从空挡向左、向前移动，实现： 动力→输入轴→输入轴一挡齿轮→输出轴一挡齿轮→输出轴上一、二挡同步器→输出轴→动力输出
二挡	变速器操纵杆从空挡向左、向后移动，实现： 动力→输入轴→输入轴二挡齿轮→输出轴二挡齿轮→输出轴上一、二挡同步器→输出轴→动力输出
三挡	变速器操纵杆从空挡向前移动，实现： 动力→输入轴→输入轴三、四挡同步器→输入轴三挡齿轮→输出轴三挡齿轮→输出轴→动力输出
四挡	变速器操纵杆从空挡向后移动，实现： 动力→输入轴→输入轴三、四挡同步器→输入轴四挡齿轮→输出轴四挡齿轮→输出轴→动力输出
五挡	变速器操纵杆从空挡向右、向前移动，实现： 动力→输入轴→输入轴五挡同步器→输入轴五挡齿轮→输出轴五挡齿轮→输出轴→动力输出
倒挡	变速器操纵杆从空挡向右、向后移动，实现： 动力→输入轴→输入轴倒挡齿轮→倒挡轴倒挡齿轮→输出轴倒挡齿轮→输出轴→动力反向输出

2）三轴式变速器

三轴式变速器用于发动机前置后轮驱动的汽车。下面以东风 EQ1092 中型货车的变速器为例进行介绍，其结构示意图如图 8-5 所示。该变速器有一轴、二轴和中间轴三根主要的传动轴，所以称为三轴式变速器。另外其还有倒挡轴。

该变速器为五挡变速器，各挡传动情况如下：

（1）空挡。二轴上的各接合套、传动齿轮均处于中间空转的位置，动力不传给第二轴。

（2）一挡。前移一、倒挡直齿滑动齿轮与中间轴一挡齿轮啮合。动力经一轴齿轮→中间轴常啮合齿轮→中间轴齿轮→二轴一、倒挡齿轮→第二轴，使其顺时针旋转（与第一轴同向）。

（3）二挡。后移接合套 9 与二轴二挡齿轮的接合齿圈啮合。动力经一轴齿轮→中间轴常啮合齿轮→中间轴二挡齿轮→二轴二挡齿轮→二挡齿轮接合齿圈→接合套 9→花键毂 24→第二轴，使其顺时针旋转。

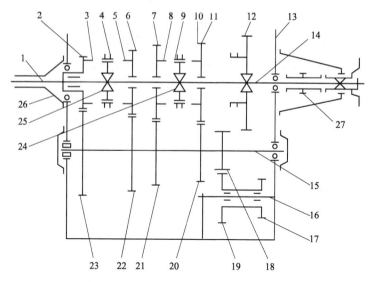

图 8-5　东风 EQ1092 中型货车的三轴式变速器

1—一轴；2—一轴常啮合齿轮；3—一轴常啮合齿轮接合齿圈；4-接合套；5-四挡齿轮接合齿圈；6-二轴四挡齿轮；7-二轴三挡齿轮；8-三挡齿轮接合齿圈；9-接合套；10-二轴齿轮接合齿圈；11-二轴二挡齿轮；12-二轴一、倒挡直齿滑动齿轮；13-变速器壳体；14-二轴；15-中间轴；16-倒挡轴；17、19-倒挡中间齿轮；18-中间轴一、倒挡齿轮；20-中间轴二挡齿轮；21-中间轴三挡齿轮；22-中间轴四挡齿轮；23-中间轴常啮合齿轮；24、25-花键毂；26-轴承盖；27-回油螺塞

（4）三挡。前移接合套 9 与二轴三挡齿轮的接合齿圈啮合。动力经一轴齿轮→中间轴常啮合齿轮→中间轴三挡齿轮→二轴三挡齿轮→三挡齿轮接合齿圈→接合套 9→花键毂 24→第二轴，使其顺时针旋转。

（5）四挡。后移接合套 4 与二轴四挡齿轮的接合齿圈啮合。动力经一轴齿轮→中间轴常啮合齿轮→中间轴四挡齿轮→二轴四挡齿轮→四挡齿轮接合齿圈→接合套 4→花键毂 25→第二轴，使其顺时针旋转。

（6）五挡。前移接合套 4 与一轴常啮合齿轮的接合齿圈啮合。动力直接由一轴→一轴常啮合齿轮→一轴常啮合齿轮接合齿圈→接合套 4→花键毂 25→第二轴，传动比为 1。由于二轴的转速与一轴相同，故此挡称为直接挡。

（7）倒挡。后移二轴上的一、倒挡直齿滑动齿轮与倒挡中间齿轮 17 啮合。动力经一轴常啮合齿轮→中间轴常啮合齿轮→中间轴→一、倒挡齿轮→倒挡中间齿轮 17、19→二轴一、倒挡直齿滑动齿轮→第二轴，第二轴逆时针旋转，汽车倒向行驶。倒挡传动路线与其他挡位相比较，由于多了倒挡中间齿轮的传动，所以改变了二轴的旋转方向。

5 同步器

同步器的功用是使接合套与待啮合的齿圈迅速同步，缩短换挡时间，防止在同步前啮合而产生换挡冲击。

目前所采用的同步器几乎都是摩擦式惯性同步器，按锁止装置不同，可分为锁环式惯性同步器和锁销式惯性同步器。

锁环式惯性同步器结构如图 8-6 所示，花键毂用内花键套装在二轴外花键上，用垫圈、卡环轴向定位。三个滑块分别装在花键毂上三个均布的轴向槽内，并且可以轴向移

学习任务 8　手动变速器挂挡困难故障的诊断和排除

动。花键毂两端与齿轮之间各有一个青铜制成的锁环(即同步环)。锁环有内锥面,与接合齿圈外锥面相配合,组成锥面摩擦副。通过这对锥面摩擦副的摩擦,可使转速不等的两齿轮在接合之前迅速达到同步。

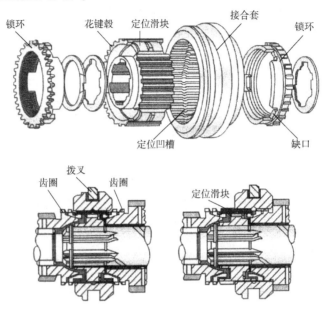

图 8-6　锁环式惯性同步器

6 自锁、互锁和倒挡锁

东风 EQ1092 中型货车的三轴式手动变速器操纵机构如图 8-7 所示。

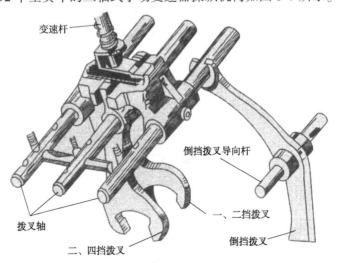

图 8-7　三轴式手动变速器操纵机构

为了保证变速器在任何情况下都能准确、安全、可靠地工作,变速器操纵机构一般都具有换挡锁装置,包括自锁装置、互锁装置和倒挡锁装置。

1) 自锁装置

自锁装置用于防止变速器自动脱挡或换挡,并保证齿轮以全齿宽啮合。图 8-8 所示自锁装置都是采用自锁钢球对拨叉轴进行轴向定位锁止。

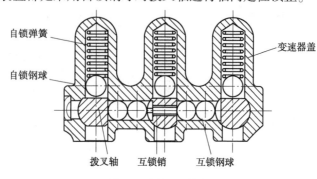

图 8-8　自锁和互锁装置

2）互锁装置

互锁装置用于防止同时换上两个挡位。如图 8-9 所示,互锁装置由互锁钢球和互锁销组成。

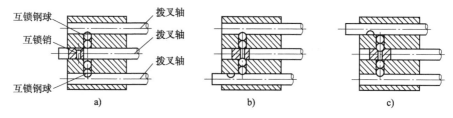

图 8-9　互锁装置工作示意图

3）倒挡锁装置

倒挡锁的作用是使驾驶员必须对变速杆施加更大的力,才能换入倒挡,以起到警示注意作用,以防误挂倒挡。图 8-10 所示常见的锁销式倒挡锁装置。

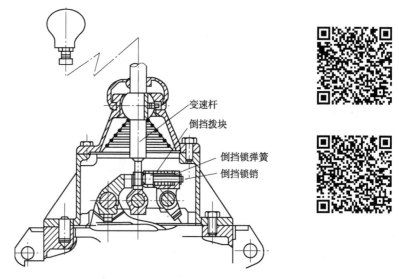

图 8-10　锁销式倒挡锁装置

学习任务 8　手动变速器挂挡困难故障的诊断和排除

7 手动变速器挂挡困难的现象

挂挡时,不能顺利挂入挡位,常产生齿轮撞击声。

8 手动变速器挂挡困难的原因

(1)变速器叉轴弯曲变形;

(2)自锁或互锁钢球破裂、毛糙、卡滞;

(3)变速器连接杆调整不当或损坏;

(4)同步器损耗或有缺陷;

(5)变速器轴弯曲变形或花键损坏;

(6)离合器原因(前面章节已阐述)。

二 任务实施

(一)任务一:手动变速器的分解与装配

1 准备工作

(1)准备好相关器材并整理好工位;

(2)将汽车停驻在举升机的中央位置,并将举升臂对准支撑部位;

(3)拉紧驻车制动器操纵杆;

(4)套上转向盘护套和座椅套,铺好脚垫;

(5)打开发动机罩并粘贴翼子板和前格栅护裙。

2 技术要求与注意事项

(1)认真阅读安全操作规程;

(2)拆装变速器时应在空挡位置上进行;

(3)严禁用铁锤敲击零件表面,应注意预防机械损伤,避免出现意外事故;

(4)变速器较重,移动时注意相互合作,防止砸下伤人,不要把工具或零件留在有可能踩到的地方,应该将其放置在工作架或工作台上。

3 操作步骤

1)手动变速器的分解

(1)从汽车上拆下变速器;

(2)如图 8-11 所示,用扳手拆去放油螺塞,放出变速器润滑油,放油完后,拧上放油螺塞;

(3)拆下离合器分离轴承,如图 8-12 所示,先从保持架上卸下弹簧,再取出离合器分离轴承;

(4)检查各个挡位,用专用辅具或手检查各个挡位;

(5)如图 8-13 所示,拆下倒车灯开关总成;

(6)拆下里程表总成,先用棘轮扳手拆下里程表紧固螺栓,然后用手取出里程表总成;

(7)拆延伸箱组件,如图 8-14 所示,先检查输出轴油封唇口有无裂纹或划伤,然后用棘轮扳手拆卸延伸箱螺栓,取出延伸箱组件(可用胶木锤敲击),拆下的延伸箱要平放,螺栓要分类统一放置;

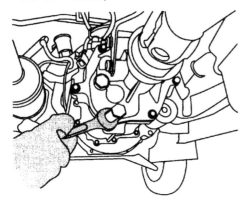

图 8-11　手动变速器的分解(1)

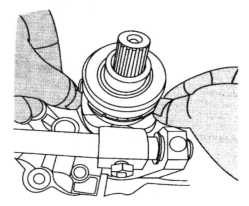

图 8-12　手动变速器的分解(2)

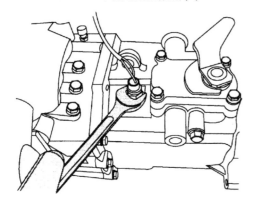

图 8-13　手动变速器的分解(3)

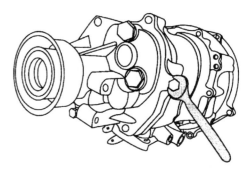

图 8-14　手动变速器的分解(4)

(8)如图 8-15 所示,取出磁钢;

(9)拆下操纵盖总成,如图 8-16 所示,先用棘轮扳手拆卸操纵盖定位螺栓,然后取出操纵盖组件(可用胶木锤轻敲);

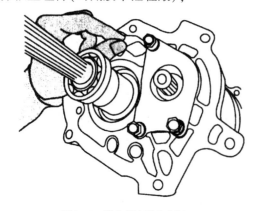

图 8-15　手动变速器的分解(5)

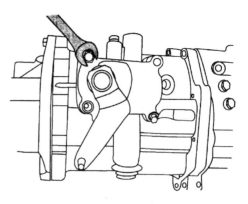

图 8-16　手动变速器的分解(6)

学习任务 8　手动变速器挂挡困难故障的诊断和排除

（10）拆卸倒挡锁扭弹簧、倒挡锁块、倒挡锁销轴，如图 8-17 所示，用扳手拆下倒挡锁销轴的锁紧螺栓，取出倒挡锁扭弹簧、倒挡锁块、倒挡锁销轴；

（11）拆卸换挡拨头、摇臂，如图 8-18 所示，先用冲子打下换挡摇臂销，然后取出换挡拨头、摇臂；

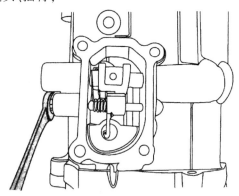
图 8-17　手动变速器的分解（7）

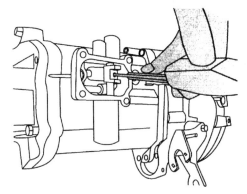
图 8-18　手动变速器的分解（8）

（12）拆倒挡轴吊紧螺栓，如图 8-19 所示，用内六角扳手拆下倒挡轴吊紧螺栓；

（13）如图 8-20 所示，用手取出导油轮（也可用螺丝刀轻撬）；

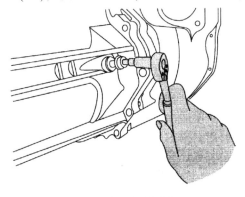
图 8-19　手动变速器的分解（9）

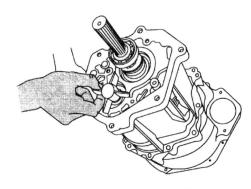
图 8-20　手动变速器的分解（10）

（14）拆中间轴后轴承压板，如图 8-21 所示，用扳手拆下中间轴后轴承压板螺栓，取下中间轴后轴承压板、调整垫片；

（15）拆卸输出轴后轴承卡圈，用卡圈钳下输出轴后轴承卡圈；

（16）拆卸轴承箱总成，如图 8-22 所示，用扳手拆下轴承箱与离合器壳体连接螺栓，取出轴承箱（可用胶木锤敲击）；

（17）如图 8-23 所示，取下输出轴总成；

（18）拆卸自锁弹簧、钢球，如图 8-24 所示，用扳手拆下自锁弹簧的锁紧螺栓，取出自锁弹簧、钢球；

（19）拆卸一、二挡，三、四挡，五、倒挡的换挡拨叉、拨块、拨叉轴，如图 8-25 所示，先用冲子把一、二挡，三、四挡，五、倒挡的换挡拨叉销、拨块销打下，依次拉出五、倒挡，三、四挡，一、二挡的拨叉轴，同时取下各挡拨叉、拨块；

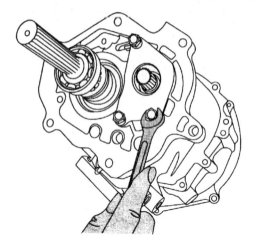

图 8-21 手动变速器的分解(11)

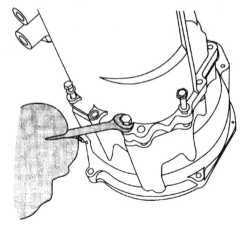

图 8-22 手动变速器的分解(12)

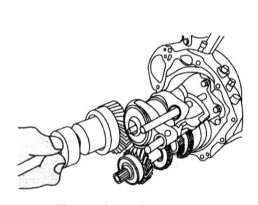

图 8-23 手动变速器的分解(13)

图 8-24 手动变速器的分解(14)

(20)拆卸倒挡换挡摇臂总成,先用扳手拆下换挡摇臂紧固螺栓,取出倒挡换挡摇臂总成,然后取出离合器壳体相应槽内2个互锁块;

(21)拆卸倒挡惰轮总成,如图 8-26 所示,取出倒挡惰轮总成;

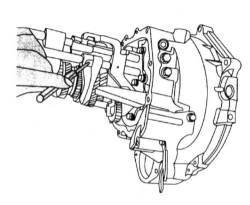

图 8-25 手动变速器的分解(15)

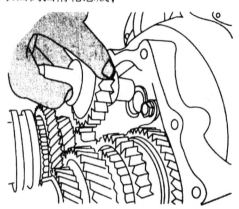

图 8-26 手动变速器的分解(16)

学习任务 8　手动变速器挂挡困难故障的诊断和排除

（22）拆卸输入轴前轴承压板，如图 8-27 所示，用扳手拆下输入轴前轴承压板的紧固螺栓，取出输入轴前轴承压板；

（23）如图 8-28 所示，取出输入轴、中间轴。将输入轴、中间轴一并从离合器壳体取出。

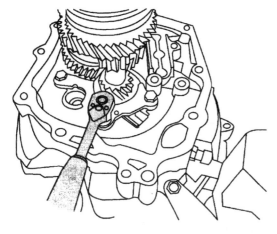 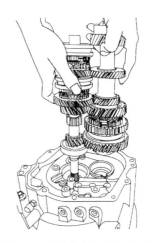

图 8-27　手动变速器的分解(17)　　　　　　图 8-28　手动变速器的分解(18)

2）手动变速器的装配

（1）注意事项。

①清洗所有零件；

②在有相对运动的零件表面淋齿轮油；

③滚针轴承装配前，应在其圆周表面涂抹润滑脂；

④深沟球轴承装配前，应在轴承外圈和内圈之间涂抹润滑脂；

⑤油封装配前，应在其唇口部位涂抹润滑脂；

⑥对每一个螺栓必须按规定的拧紧力矩拧紧。

（2）装配程序。

①离合器分离轴承、分离拨叉等装配（图 8-12），将离合器分离轴承装入分离拨叉，再将分离摇臂装入离合器壳体，同时装入离合器分离叉组件，装上分离拨叉定位螺栓，以规定力矩紧固分离拨叉定位螺栓；

②输入轴、输出轴等装配（图 8-28），将输入轴、中间轴合起一并放入离合器壳体。

③输入轴前轴承压板装配（图 8-27），将输入轴前轴承压板放置到位，装上紧固螺栓；

④倒挡换挡摇臂总成装配，将 2 个互锁块放入相应槽内，然后将倒挡换挡摇臂总成放置到位，装上倒挡换挡摇臂紧固螺栓；

⑤拨叉、拨块及拨叉轴装配（图 8-25），把各拨叉放到对应位置，依次插入三、四挡，五、倒挡，一、二挡拨叉轴，并且在插入拨叉轴的同时，套入对应的拨块，然后把销子打上；

⑥自锁弹簧、钢球等装配（图 8-24），把自锁弹簧、钢球放入离合器自锁孔中，装上自锁销螺栓；

⑦倒挡轴、倒挡惰轮装配(图8-26),倒挡轴放置到位,将倒挡惰轮、倒挡惰轮尼龙垫圈套入倒挡轴;

⑧输出轴总成装配(图8-23),将输出轴总成放于输出轴座孔中;

⑨轴承箱装配(图8-22),将2个定位销放入离合器壳体孔中,将涂好胶的轴承箱放置于离合器壳体上,装上轴承箱与离合器壳体的连接螺栓;

⑩倒车灯开关装配(图8-13),将倒车灯开关穿入铝垫圈,一起拧入轴承箱;

⑪倒挡轴吊紧螺栓装配(图8-19),将倒挡轴吊紧螺栓穿入铝垫圈,一起拧入轴承箱;

⑫中间轴后轴承压板装配(图8-21),先把中间后轴承压入中间轴,测量中间轴后轴承与轴承箱间距离,选取调整垫片,将中间轴后轴承压板放置到位,装上螺栓;

⑬导油轮装配(图8-20),将导油轮压入中间轴;

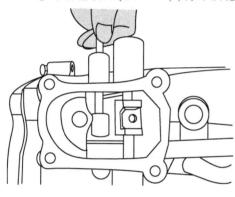

图8-29 手动变速器的装配

⑭换挡拨头、摇臂装配,先套入换挡摇臂防尘罩,装入换挡摇臂,同时将换挡拨头套入换挡摇臂,压入弹性销;

⑮装倒挡锁扭弹簧、锁块、倒挡锁销轴(图8-29),将倒挡锁扭弹簧、倒挡锁块、倒挡锁销轴放置到位,装上锁紧螺栓;

⑯后盖总成装配,将涂好胶的后盖合装于轴承箱上,装上后盖螺栓;

⑰操纵盖总成装配(图8-16),将涂好胶的操纵盖装于轴承箱上,装上操纵盖定位螺栓;

⑱将变速器总成安装到汽车上。

(二)任务二:手动变速器油的检查与更换

1 准备工作

(1)准备好相关器材并整理好工位;

(2)将汽车停驻在举升机的中央位置,并将举升臂对准支撑部位;

(3)拉紧驻车制动器操纵杆;

(4)套上转向盘护套和座椅套,铺好脚垫;

(5)打开发动机罩并粘贴翼子板和前格栅护裙。

2 技术要求与注意事项

(1)手动变速器油应该按照厂家的规定合理选用;

(2)不同性能级别的手动变速器油不能混用,不同厂家相同黏度级别的手动变速器油不能混用,添加剂不同的也不能混用;

(3)工作场地注意通风,防止空气中手动变速器油浓度超标;

(4)收集的废油不能与其他油类混合存放,需单独存放,由专门的机构回收,不能随便倾倒,严禁倒入下水道、排洪沟等限制性空间;

(5)发生小量泄漏时,用砂土或其他不燃材料吸附或吸收,发生大量泄漏时构筑围堤

学习任务 8　手动变速器挂挡困难故障的诊断和排除

或挖坑收容,注意要用专用收集器回收。

3 操作步骤

1)变速器油的检查

(1)将车辆停在举升机平台的中央位置,拉紧驻车制动器操纵杆,并将变速器置于空挡。

(2)将车辆升至适合位置,并可靠锁止提升臂。

(3)如图 8-30 所示,旋出加油螺塞,若液位在加注口下边缘 0~5mm,则表示液位正常,按规定力矩拧紧加油螺塞。

(4)如果变速器油液位过低或不足,应检查变速器内变速杆油封处、壳体接合处、变速器前油封、两侧半轴油封、变速器放油螺塞孔周围是否有漏油现象,若有,需更换衬垫和油封,然后用加油机通过加油螺塞添加变速器油,直至有油液溢出。

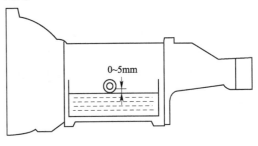

图 8-30　变速器的正常油量

2)变速器油的更换

根据各车型更换变速器油周期的要求,若在油液检查中发现油液的颜色变黑或闻到油液有刺鼻味,说明油已变质,应予以更换。更换方法如下:

(1)操纵举升机,将车辆举升到轮胎最低点距离地面 20cm 的高度,落下举升机安全锁,如图 8-31 所示。

(2)进入驾驶室,打开点火开关起动发动机,保持怠速运转。操纵变速杆,将变速杆换入一挡,保持车辆带挡运行状态。2~3min 后,将变速杆置于空挡,并关闭点火开关,停止发动机运转,如图 8-32 所示。

图 8-31　落下安全锁

图 8-32　暖机 2~3min

(3)将变速杆置于空挡位置,关闭点火开关,拉紧驻车制动器操纵杆,将汽车举升到适当高度,落下举升机安全锁。

(4)将回收桶推至变速器下方,并对正放油螺塞,如图 8-33 所示。

(5)拧松变速器放油螺塞和加油螺塞,先旋下放油螺塞,再旋下加油螺塞,如图 8-34 所示。

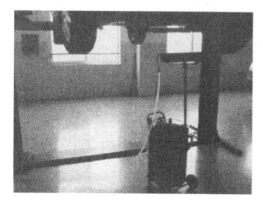

图 8-33 将回收桶推至变速器下方,并对正放油螺塞

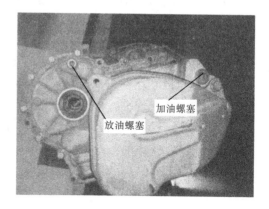

图 8-34 旋下放油螺塞和加油螺塞

(6)待变速器放油口处油液不再滴落时,装上新的垫片,按规定力矩拧紧放油螺塞,如图 8-35 所示。

(7)操纵举升机,将车辆降落到轮胎最低点距离地面 20cm 的高度,并可靠落下举升机安全锁;用专用工具添加变速器油,然后按规定力矩拧紧加油螺塞。

(8)用干净抹布擦净放油螺塞和加油螺塞周围油迹,如图 8-36 所示。

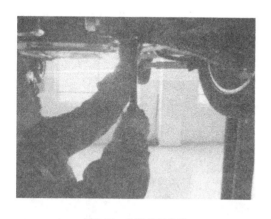

图 8-35 拧紧放油螺塞

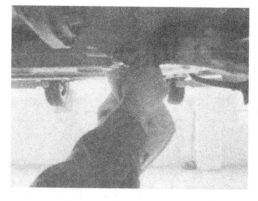

图 8-36 用抹布擦净放油螺塞和加油螺塞周围油迹

三 学习拓展

❶ 车辆齿轮油的分类

1)SAE 车辆齿轮油黏度分类

《驱动桥和手动变速器润滑油黏度分类》(SAE J306—991)的规定,见表 8-2。该标准

学习任务 8 手动变速器挂挡困难故障的诊断和排除

采用含有尾缀字母 W 和不含尾缀字母 W 两种黏度等级系列。黏度等级代号由一组数字和字母 W(如 70W、75W、80W、85W)或一组数字(如 90、140、250)组成,共 7 种。含有尾缀字母 W 是冬季用齿轮油,是根据齿轮油黏度达到 150Pa·s 的最高温度和 100℃时的最小运动黏度划分的。不带尾缀 W 的是夏季用齿轮油,以 100℃时的最小运动黏度划分。

SAE 车辆齿轮油黏度分类　　　　　　　　　　　　　表 8-2

SAE 黏度级别	黏度达到 150Pa·s 的最高温度(℃)	100℃时的运动黏度(m^2/s)	
		最 低	最 高
70W	-55	4.1	
75W	-40	4.1	
80W	-26	7.0	
85W	-12	11.0	
90		13.5	⟨24.0
140		24	⟨41.0
250		41	

车辆齿轮油的黏度等级不同于发动机润滑油的黏度等级。当车辆齿轮油与发动机润滑油有相同的黏度时,根据黏度分类规定,其两者的黏度等级相差很大。例如 70W 车辆齿轮油与 10W 的发动机润滑油具有相同的黏度,90 的车辆齿轮油与 40、50 的发动机润滑油黏度相当,但黏度等级不同。

车辆齿轮油的黏度等级也有单黏度等级和多黏度等级之分。一个多黏度等级的车辆齿轮油,其低温黏度满足表 8-2 中一个含 W 级的要求,并且 100℃运动黏度在一个不含 W 级规定的黏度范围之内。例如 80W/90,它满足 80W 的低温性能并且在 90 的高温性能规定范围之内。

2) API 车辆齿轮油使用性能分类

世界上广泛采用 API 的车辆齿轮油使用性能分类法。根据齿轮的形式和负载情况对车辆齿轮油进行质量等级分类,该分类将车辆齿轮油分为 GL-1、GL-2、GL-3、GL-4、GL-5、GL-6 六个等级,数字越大,品质越高。

3) 我国车辆齿轮油的分类

目前我国车辆齿轮油是根据《汽车齿轮润滑剂黏度分类》(GB/T 17477—2012)进行黏度分类的,其方法与 SAE 黏度分类相同。而车辆齿轮油的使用性能只分为 CLC、CLD、CLE 三类,分别与 API 的车辆齿轮油使用性能分类中的 GL-3、GL-4、GL-5 相对应。其中 CLC 相当于普通车辆齿轮油的使用性能(分为 80W/90、85W/90、和 90 号三个黏度等级), CLD 相当于中负荷车辆齿轮油的使用性能(分为 80W/90、85W/90 和 90 号三个黏度等级), CLE 相当于重负荷车辆齿轮油的使用性能(分为 75W、80W/90、85W/90、85W/140、90 和 140 号六个等级),其详细分类见表 8-3。

我国车辆齿轮油的详细分类　　　　　表8-3

代号	组成、特性和使用说明	使用部位
CLC	精制矿物油加抗氧化剂、防锈剂、抗泡剂和少量极压剂等制成。适用于中等速度和负荷比较苛刻的手动变速器和弧齿锥齿轮驱动桥	手动变速器和弧齿锥齿轮驱动桥
CLD	精制矿物油加抗氧化剂、防锈剂、抗泡剂和少量极压剂等制成。适用于低速高转矩和高速低转矩下操作的各种齿轮,特别是客车和其他各种车辆用的准双曲面齿轮	手动变速器和弧齿锥齿轮驱动桥和使用条件不太苛刻的准双曲面齿轮驱动桥
CLE	精制矿物油加抗氧化剂、防锈剂、抗泡剂和少量极压剂等制成。适用于在高速冲击载荷、低速高转矩和高速低转矩下操作各种齿轮,特别是客车和其他各种车辆用的准双曲面齿轮	操作条件缓和或苛刻的准双曲面齿轮及其他各种齿轮的驱动桥,也可用于手动变速器

❷ 车辆齿轮油的选择

正确选用齿轮油必须做到两点：一是根据齿轮的类型和工作条件确定油品的质量和档次；二是根据最低使用环境温度和齿轮传动装置的运行最高温度来确定黏度等级。

四 评价与反馈

❶ 自我评价

(1)通过本学习任务的学习,你是否已经知道以下问题：
①拆装变速器时应注意哪些问题?＿＿＿＿＿＿＿＿＿＿＿＿＿＿＿＿＿＿＿＿＿。
②更换变速器油时应注意哪些问题?＿＿＿＿＿＿＿＿＿＿＿＿＿＿＿＿＿＿＿。
(2)手动变速器换挡困难的主要原因是什么?＿＿＿＿＿＿＿＿＿＿＿＿＿＿＿＿。
(3)实训过程完成情况如何?＿＿＿＿＿＿＿＿＿＿＿＿＿＿＿＿＿＿＿＿＿＿。
(4)通过本学习任务的学习,你认为自己的知识和技能还有哪些欠缺?
＿＿＿＿＿＿＿＿＿＿＿＿＿＿＿＿＿＿＿＿＿＿＿＿＿＿＿＿＿＿＿＿＿＿。

❷ 小组评价(表8-4)

小组评价表　　　　　表8-4

序号	评价项目	评价情况
1	着装是否符合要求	
2	是否能合理规范地使用仪器和设备	
3	能否按照安全和规范的流程操作	
4	是否遵守学习、实训场地的规章制度	
5	是否能保持学习、实训场地整洁	
6	团结协作情况	

参与评价的同学签名：＿＿＿＿＿＿＿　　＿＿＿＿年＿＿月＿＿日

学习任务 8 手动变速器挂挡困难故障的诊断和排除

3 教师评价

签名：_____   ____年___月___日

五 技能考核标准

根据学生完成实训任务的情况评价其学习效果。表 8-5、表 8-6 为技能考核标准表。

技能考核标准表（任务一）　　　　　　　　　表 8-5

序号	任务	操作内容	规定分	评分标准	得分
1	手动变速器的分解与装配	记录车辆信息	5 分	记录信息是否全面，缺少一个信息扣 2 分	
2		安全及防护用品安装	10 分	是否正确安装三件套及挡块，支撑部位是否合理，错一处扣 5 分	
3		拆装	20 分	拆装步骤是否合理，有无前后干涉，错一处扣 5 分	
4		拆装工艺	20 分	拆装工艺是否规范，是否正确使用工具，工艺错误或造成工具、零件损坏一处扣 5 分	
5		查找出故障原因及部位	20 分	能否分析判断故障原因，指出故障部位，未能指出或指出错误一处扣 10 分	
6		排除故障	20 分	能否排除故障，不能排除故障不得分	
7		场地及工具整理	5 分	任务完成后能否对场地及设备进行清洁、整理，遗漏一处扣 2 分	
	总　　分		100 分		

技能考核标准表(任务二)　　　　表8-6

序号	任务	操作内容	规定分	评分标准	得分
1	手动变速器油的检查与更换	记录车辆信息	5分	记录信息是否全面,缺少一个信息扣2分	
2		安全及防护用品安装	10分	是否正确安装三件套及挡块,支撑部位是否合理。错一处扣5分	
3		手动变速器油的检查	40分	能否正确检查手动变速器油液位及油质,错一处扣10分	
4		手动变速器油的更换	40分	操作步骤是否规范、合理并保证安全,能否正确选用手动变速器油,错一处扣10分	
5		场地及工具整理	5分	任务完成后能否对场地及设备进行清洁、整理,遗漏一处扣2分	
总分			100分		

学习任务 9 汽车转向沉重故障的诊断与排除

 学习目标

⭐ **知识目标**

1. 掌握汽车转向系统的结构与特点,以及其工作原理;
2. 了解汽车转向沉重的故障现象及原因。

⭐ **技能目标**

1. 能分析汽车转向沉重故障产生的原因,选择合理的诊断检查方案,正确使用轮胎气压表等设备进行故障部位检查;
2. 能进行轮胎气压的检查与调整;
3. 能根据维修手册安全规范地完成转向储液罐液面高度的检查及油液的更换;
4. 能根据维修手册安全规范地完成转向器的调整;
5. 能根据维修手册安全规范地检查叶片泵的供油压力;
6. 能根据维修手册安全规范地完成叶片泵的更换。

 建议课时

12 课时。

 任务描述

小李家的大众波罗轿车在行驶中出现转向沉重故障,排除该故障,需要分析产生转向沉重的原因,对转向系统进行检测,并根据检测结果确定维修工艺,最终排除汽车转向沉重故障,那么小李想知道做这些工作需要哪些知识呢?

一 理论知识准备

1 汽车转向系统的类型

汽车转向系统按转向动力源的不同分为机械转向系统和动力转向系统两大类。

汽车机械转向系统由转向操纵机构、机械转向器和转向传动机构三大部分组成,如图9-1所示。

动力转向系统常见的形式有液压助力转向系统、气压助力转向系统、电子机械助力转向系统、电动液压助力转向系统等。

(1)液压助力转向系统由叶片泵、进油软管、回油软管、助力转向液储液罐、转向机构等零部件组成,如图9-2所示。

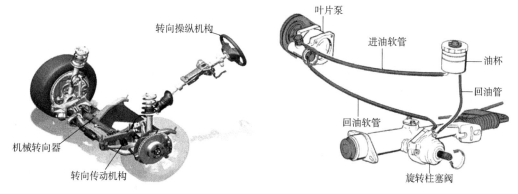

图9-1 机械转向系统的组成示意图　　　　图9-2 液压助力转向系统的组成示意图

(2)电动液压助力转向系统的组成如图9-3所示。

电动液压助力转向系统中电动泵总成代替传统的助力泵;齿轮泵由电机驱动,此电机只有在发动机运转下才工作。

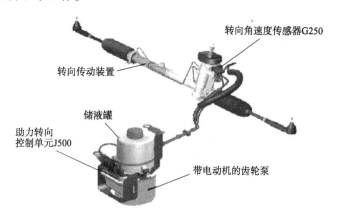

图9-3 电动液压助力转向系统的组成示意图

(3)电子机械助力转向系统的组成如图9-4所示。

相较液压助力转向系统,电子机械助力转向系统一般有以下几个特点:

①取消液压部件,如油泵、管路、储液罐;

②取消液压油；
③节省安装空间；
④较小的噪声；
⑤节约能源，在静止状态几乎不消耗任何能量；
⑥取消烦琐的管路和线路。

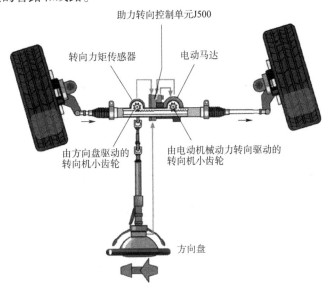

图9-4 电子机械助力转向系统的组成示意图

❷ 汽车转向沉重的故障现象、原因、诊断与排除

1）故障现象

装有液压助力转向系统的汽车，在行驶中突然感到转向沉重。

2）故障原因

（1）转向器故障。

①转向器主动部分轴承过紧，或从动部分与衬套配合过紧；
②转向器主、从动部分的啮合间隙过小；
③转向器缺油或无油；
④转向器的转向轴弯曲或套管凹瘪造成互相碰擦；
⑤转向盘弯曲变形；
⑥齿轮齿条转向器齿轮与齿条啮合间隙过小。

（2）传动机构故障。

①转向节主销后倾角过大、内倾角过大或前轮负外倾；
②转向横、直拉杆球头连接处连接过紧或缺油；
③转向节止推轴承损坏或缺油；
④转向节主销与转向节衬套配合过紧或缺油。

（3）动力转向装置故障。

①液压助力泵皮带松动；
②油面过低；
③转阀、滑阀发卡；
④转向助力泵压力不够或泄漏大；
⑤管路中有空气、管路接头泄漏；
⑥动力缸或分配阀密封圈损坏。

(4) 其他故障。
①轮胎气压不足；
②前轮定位调整不当；
③前轴或车架变形。

3) 诊断与排除

(1) 机械部分的故障诊断与排除。

①卸下拉杆球头，检查其有无卡滞现象，是否转动灵活，如有卡滞及转动不灵活，应及时修理，甚至换用新件。

②用千斤顶顶起前桥，使前轮离开地面，拆下横、直拉杆，用手左右旋转车轮，两轮应左右旋转轻松自如。如果发现旋转阻力很大时，首先给转向节主销和主销套注入黄油，再左右旋转两轮，如果阻力很小那么故障就排除了。如果仍没有改善则拆下转向节主销检查油道是否畅通，主销和套的配合间隙是否在标准范围之内，同时检查压力轴承是否损坏或润滑不良。如果损坏则需更换压力轴承。在各部件都检查确保无误后，把转向节主销装复。

③检查轮胎气压是否充足，如果气压不足应给轮胎充气。

至此机械部分的故障全部排除完毕。如果转向仍旧沉重，那就是液压部分的故障了。

(2) 液压部分的故障诊断与排除。

①检查整个液压转向系统的管路是否堵塞。液压管路的故障是转向系一个比较隐蔽且难以处理的故障。如果管路全部堵塞，其故障还比较容易处理。有时管路是部分堵塞，这时会由于助力泵产生的压力不足而导致方向沉重。这种故障主要是因为油中有杂物或胶管老化膨胀造成的，因此必须定期更换液压管路，做到预防在先，及时处理。

②转向助力泵和转向机故障的诊断与排除。如果机械部分及液压管路都没有故障时，可将一个质量好的转向助力泵装到车上做试验。当车发动后，向左右两边打方向，如果转向正常，说明原来的助力泵有故障。如果换上助力泵后转向仍很沉，可将转向助力器拆下，到校验台上校正，检验其故障。对没有校验台的单位可换上一个新转向助力器或确保无故障的转向助力器到车上试验，以确定原转向助力器是否有故障。

❸ 汽车转向沉重的检测工艺流程

当汽车出现转向沉重故障时，应按照规定的检测工艺流程进行故障分析。对于装有液压动力转向系统的车辆出现转向沉重故障时，首先检查动力转向系统，动力转向系统转向沉重故障诊断流程如图9-5所示，若动力转向系统无故障，按普通转向沉重故障诊断流

学习任务9 汽车转向沉重故障的诊断与排除

程排除故障,普通转向沉重故障诊断流程如图9-6所示。

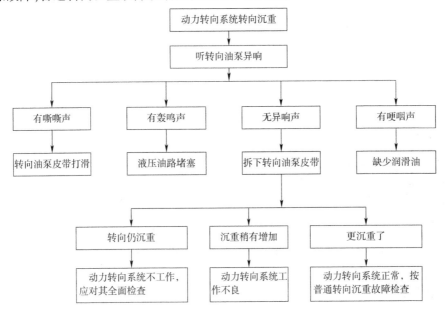

图9-5 动力转向系统转向沉重故障诊断流程图

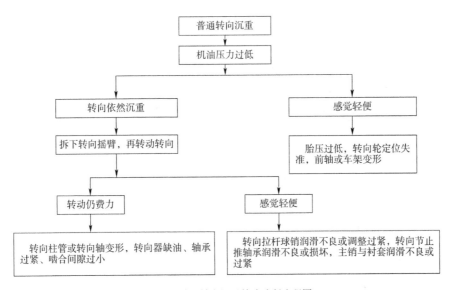

图9-6 普通转向沉重故障诊断流程图

二 任务实施

(一)任务一:轮胎胎压的检查

① 准备工作

(1)准备好胎压表、肥皂水;
(2)查阅车辆维修手册。

2 技术要求与注意事项

(1) 车辆在无负载情况下测量;

(2) 正确使用胎压表。

3 操作步骤

将轮胎气压表测量端槽口与轮胎气门嘴对正压紧。这时轮胎气压表指针发生偏转,其指示值即为该轮胎的充气压力,或者轮胎气压表的标杆在气压作用下被推出,这时标杆上所显示的数值即为该轮胎的充气压力,如图9-7所示。

图9-7 轮胎胎压表安装示意图

轮胎的标准气压值在驾驶员侧的门上或门边上都有标注(另外这个标准值还可以在油箱盖上和说明书上找到)。要注意的是气压有不同的表示单位,一般有4种,如 bar、kg/m^2、kPa 和 PSI,它们之间的换算关系:1bar = $1.02kg/m^2$ = 102kPa = 14.5PSI。使用胎压表测量,比较测量值和标准值之间的差异,若胎压过高要放掉一些气,若胎压低了要补充一些气,直到轮胎气压和标准气压吻合。目前很多车辆上都配有胎压监测系统,可以监测各个轮胎的气压是否符合标准。

(二) 任务二:转向储液罐液面高度的检查及油液的更换

转向储液罐的功用是储存、滤清、冷却动力转向系统工作油液,其表面有不同方式表示的液面高度要求。如果液面高度太低,将使动力转向系渗入空气,造成汽车转向操作不稳,忽轻忽重,或有噪音。

1 准备工作

(1) 准备好干净的抹布、转向液;

(2) 查阅相关维修手册。

2 技术要求与注意事项

(1) 车辆停放在平坦地面;

(2) 正确处理好旧转向液;

(3) 转向液的更换需要两个人配合操作。

3 操作步骤

1) 转向储液罐液面的检查

(1) 将车辆停放在平坦的地面上,使前轮处于直行位置;

(2) 起动发动机,并使其达到正常的工作温度;

(3) 使发动机怠速运转大约2min后,左右打几次转向盘,使油温达到40℃~80℃,关闭发动机;

学习任务9 汽车转向沉重故障的诊断与排除

（4）观察储液罐的液面，此时液面应处于"MAX"（上限）与"MIN"（下限）之间，液面低于"MIN"时，应加至"MAX"处，如图9-8所示；

（5）对于用油尺检查的汽车：拧下带油尺的封盖，用抹布将油位标尺擦净，将带油尺的封盖插入储液罐内拧好，然后重新拧出，观察油尺上的标记，应处于"MAX"与"MIN"之间，必要时将转向油油面加至"MAX"处。

2）转向油液的更换
转向油液的更换包括放油、加油与排气两步。
（1）放油。
①支起汽车前部，使前轮离开地面；
②拧下转向储液罐盖，拆下转向油泵回油管，然后将转向油放入容器中；
③使发动机怠速运转，在放转向油的同时，左右转动转向盘。

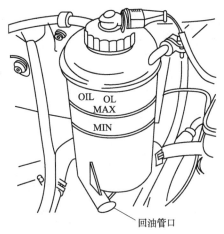

图9-8　转向储液罐液面指示图

（2）加油与排气。
①向转向储液罐内加注符合规定的转向油（桑塔纳2000转向油型号为PENPOSIN CHF 11S，奥迪轿车转向油型号为G 002 000）；
②停止发动机工作，用支架支起汽车前部，连续从左到右转动转向盘若干次，将转向系统中多余空气排出；
③检查转向储液罐中油面高度，视需要加至"MAX"处；
④降下汽车前部，起动发动机怠速运转，连续转动转向盘，注意油面高度的变化，当油面下降时，就应不断加注转向油，直到油面停留在"MAX"处，并在转动转向盘后，储液罐中不再出现气泡为止。

（三）任务三：转向器的调整

1 准备工作
（1）准备好干净的抹布、调整工具；
（2）查阅相关维修手册。

2 技术要求与注意事项
（1）车辆停放在平坦地面；
（2）道路试验时注意操作安全。

3 操作步骤
转向器总成经拆装后，或在安装新转向器总成后，须对其进行调整。调整按以下步骤进行：
（1）使车轮位于直线行驶位置；

(2)小心地拧紧自锁调整螺钉(如图9-9所示)约20°；

(3)进行道路试验；

(4)转向器如能自行回到直线位置,则把调整螺钉拧松一点；

(5)若转向器还有间隙,则将调整螺钉再拧紧一点。

(四)任务四:叶片泵供油压力的检查

1 准备工作

(1)准备好干净的抹布、专用工具、压力表等；

(2)查阅相关维修手册。

2 技术要求与注意事项

(1)V形皮带和V形皮带张紧器正常；

图9-9 自锁调整螺钉位置图

(2)系统无泄漏；

(3)软管和管路无扭曲和阻塞。

3 操作步骤

大众波罗轿车转向系统检查叶片泵的供油压力具体步骤如下：

(1)使用直径为25mm的软管夹加紧回油管,如图9-10所示；

(2)拆下底部隔音板；

(3)使用直径为40mm的软管夹加紧进油管,如图9-11所示；

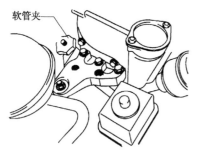

图9-10 加紧回油管

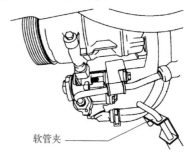

图9-11 加紧进油管

(4)在下面放置收集盘,从泵上断开压力管,必要时拉下压力开关的插头；

(5)安装适配器,如图9-12所示；

(6)连接压力表,如图9-13所示；

(7)从进油管拆下直径为40mm的软管夹；

(8)从回油管拆下直径为25mm的软管夹；

(9)起动发动机,必要时加注储液罐内的转向机机油；

(10)左右转动转向盘约10次；

学习任务9 汽车转向沉重故障的诊断与排除

(11)检查供油压力;

(12)发动机运行在怠速下,关闭阀门(不超过5秒)并读取压力数值。汽油发动机一般为85~95bar。

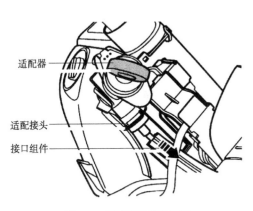

图9-12 适配器安装示意图

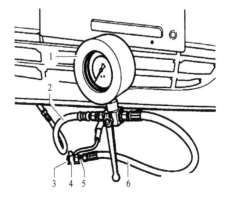

图9-13 压力表连接示意图

1-转向器检测设备(VAG1402);2-接口组件(VAG1402/6);3-沉头螺栓;4-连接头;5-VAG1402/2;6-转向器检测设备(VAG1402)的软管

提示:

①如果读取数值高于或低于额定值,需要拆卸并更换叶片泵;

②如果储液罐液面太低,需要检查转向系统有无泄漏;

③如果在转向齿轮处发现泄漏,首先检查管路和管路接头是否有泄漏,必要时拧紧并擦干;

④如果转向机壳体内的齿轮密封或齿条密封泄漏,需更换转向机;

⑤要检查转向齿条的密封性,需松开防护罩的卡子并向后推防护罩。

(五)任务五:叶片泵的更换

如果叶片泵发生故障,则需要借助于压力测试和泄漏测试,确定故障原因。由于叶片泵不能维修,所以如果发生了故障,就更换叶片泵。

❶ 准备工作

(1)准备好干净的抹布、专用工具等;

(2)查阅相关维修手册。

❷ 技术要求与注意事项

(1)拆卸前先标注V形皮带的转动方向;

(2)注意螺栓的拧紧力矩要求。

❸ 操作步骤

(1)拆卸叶片泵。

①拆下前轮和底部隔音板;

②松开皮带轮的沉头螺栓,用扭矩扳手Hazet2579-9反向把持,如图9-14所示;

③按照箭头方向转动张紧器,松开V形皮带,如图9-15所示;

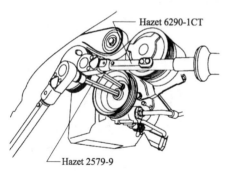

图9-14 拆卸皮带轮的沉头螺栓

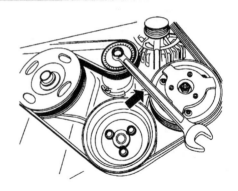

图9-15 松开V形皮带

④拆卸V形皮带;
⑤松开V形皮带轮的沉头螺栓;
⑥使用直径至40mm的软管夹加紧进油管,松开六角螺栓,如图9-16所示;
⑦打开弹簧夹子并拉出进油管,拆卸螺栓,用塑料袋或合适的工具密封压力管路,松开六角螺栓,如图9-17所示;
⑧拆下叶片泵。

(2)安装叶片泵。
①安装加注好液压油的叶片泵,其通过进油管连接件加注液压油;
②当压力一侧有液压油时转动阀门柄;
③将叶片泵安装到支架上,并拧紧螺栓到25N·m;
④安装进油管并安装弹簧卡箍。标记必须对准铸造缝,弹簧卡子必须与标记齐平,如图9-18所示;

图9-16 加紧进油管

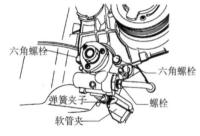

图9-17 叶片泵固定螺栓安装位置示意图

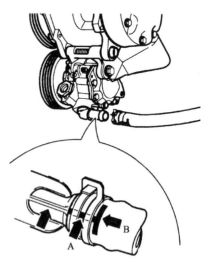

图9-18 进油管对齐标记示意图

⑤在沉头螺栓上使用新的密封圈;

⑥拧紧螺栓到 38N·m。

其余安装顺序与拆卸相反。

三 学习拓展

汽车转向系统常见的故障除汽车转向沉重外,还有转向系统异响、左右转向轻重不同、转向时低(高)速摆头、直线行驶转向盘发飘或跑偏等。

❶ 转向系统异响

(1)故障现象。

装有液压助力转向系统的汽车转向时,转向系统有过大的异响,影响汽车的转向性能。

(2)故障原因。

①转向油罐中液面太低;

②液压系统中渗入空气;

③油罐滤网堵塞,或液压回路中有过多的沉积物;

④油管接头松动或油管破裂;

⑤油泵严重磨损或损坏;

⑥转向控制阀性能不良。

(3)诊断与排除。

①当转向盘处于极限位置或原地慢慢转动转向盘时,转向器发出"嘶嘶"声,如果这种异响严重,则可能为转向控制阀性能不良,应更换转向控制阀。

②当转向油泵发出"嘶嘶"声或尖叫声时,应进行以下检查:

(a)检查油罐液面高度,液面高度不够时应查明泄漏部位并修理,然后按规定加足油液;

(b)检查转向油泵驱动皮带是否打滑,若打滑应查明原因更换皮带或调整皮带张紧度;

(c)查看油液中有无泡沫,若有泡沫,应查找漏气部位并予以修理,然后排除空气,若无漏气,则说明油路有堵塞处或油泵严重磨损及损坏,应予以修复或更换。

❷ 左右转向轻重不同

(1)故障现象。

装有液压助力转向系统的汽车行驶时,向左和向右转向操纵力不相等。

(2)故障原因。

①转向控制阀阀芯(或滑阀)偏离中间位置,或虽然在中间位置但与阀体槽肩的间隙大小不一致;

②控制阀内有污物阻塞,使左右转动阻力不同;

③液压系统中动力缸的某一油腔渗入空气;

④油路漏损。

(3)诊断与排除。

这种故障多是油液脏污所致,应按规定换用新油后,再进行检查。

①如果油质良好或换用新油后故障没有消除,应对液压系统进行排气,并检查系统有无油液泄漏,液压系统中出现泄漏时,应更换泄漏部位的零部件。

②如果故障仍不能排除,则可能是由于控制阀定中不良造成的。滑阀式转向控制阀可在动力转向器外部进行排除,主要通过改变转向控制阀阀体的位置来实现。如果滑阀位置调整后仍不见好转,应拆检滑阀并测量其尺寸。若偏差较大,应更换滑阀。对于转阀式转向控制阀必须通过分解检查来排除故障。

❸ 转向时低速摆头

(1)故障现象。

汽车在低速行驶时,感到方向不稳,产生前轮摆振。

(2)故障原因。

①转向器传动副啮合间隙过大;

②转向传动机构横、直拉杆球头销磨损松旷、弹簧折断或调整过松;

③转向节主销与衬套的配合间隙过大,或前轴主销孔与主销配合间隙过大;

④前轮轮毂轴承装配过松或紧固螺母松动;

⑤后轮轮胎气压过低;

⑥车辆装载货物超长,使前轮承载过小;

⑦前悬架弹簧错位、折断或固定不良。

(3)诊断与排除。

①外观检查。

(a)检查车辆是否装载货物超长,而引起前轮承载过小;

(b)检查后轮轮胎气压是否过低,若轮胎气压过低,应充气使其达到规定值;

(c)检查前悬架弹簧是否错位、折断或固定不良,若错位应拆卸修复,若折断应更换,若固定不良,应按规定力矩拧紧。

②检查转向盘自由行程。

(a)由一人握紧转向摇臂,另一人转动转向盘,若自由行程过大,说明转向器啮合传动副间隙过大,应调整;

(b)放开转向摇臂,仍有一人转动转向盘,另一人在车下观察转向拉杆球头销,若有松旷现象,说明球头销或球腕磨损过甚、弹簧折断或调整过松,应先更换损坏的零件,再进行调整。

③通过以上检查均正常,可支起前桥,并用手沿转向节轴向推拉前轮,凭感觉判断是否松旷。若有松旷感觉,可由另一人观察前轴与转向节连接部位。

(a)若此处松旷,说明转向节主销与衬套的配合间隙过大,或前轴主销孔与主销配合间隙过大,应更换主销及衬套;

(b)若此处不松旷,说明前轮毂轴承松旷,应重新调整轴承的预紧力。

❹ 转向时高速摆头

(1)故障现象。

汽车行驶中出现转向盘发抖,车头在横向平面内左右摆动、行驶不稳等。主要有下面两种情况：

①在高速范围内的某一转速时出现；

②转速越高，故障现象越严重。

（2）故障原因。

①转向轮动不平衡；

②前轮定位不正确；

③车轮偏摆量大；

④转向传动机构运动干涉；

⑤车架、车桥变形；

⑥悬架装置出现故障：左右悬架刚度不等、弹簧折断、减振器失效、导向装置失效等。

（3）诊断与排除。

①外观检查。

(a)检查减振器是否失效，若漏油或失效，应更换；

(b)检查左右悬架弹簧是否折断、刚度是否一致，若有折断或弹力减弱，应更换；

(c)检查悬架弹簧是否固定可靠，转向传动机构有无运动干涉等，若有应排除。

②支起驱动桥，用三脚架塞住非驱动轮，起动发动机并逐步使汽车换入高速挡，使驱动轮达到车身摆振的车速。

(a)若此时车身和转向盘出现抖动，说明传动轴严重弯曲或松旷，转向轮动不平衡或偏摆量大（前驱动）；

(b)若此时车身和转向盘不抖动，说明故障在车架、车桥变形或前轮定位不正确。

③检查前轮是否偏摆。

(a)支起前桥，在前轮轮辋边上放一划针，慢慢地转动车轮，察看轮辋是否偏摆过大，若轮辋偏摆量过大，应更换；

(b)拆下前轮，在车轮动平衡仪上检查前轮的动平衡情况，若不平衡量过大，应加装平衡块予以平衡。

④经上述检查均正常，应检查车架、车桥是否变形，并用前轮定位仪检查调整前轮定位。

5 直线行驶转向盘发飘或跑偏

（1）故障现象。

汽车行驶中，行驶方向自动偏向一边，不易保持直线行驶，操纵困难。

（2）故障原因。

直行自动跑偏的原因主要与轮胎、减振器、转向轮定位、前轮制动器等的技术状况有关，主要包括：

①左右轮胎气压不一致；

②前左、前右减振器弹簧刚度不一致；

③车身变形或车架变形使两侧轴距不等；

④转向轮定位失准；

⑤转向轮单边制动或单边制动拖滞；
⑥转向轮单边轮毂轴承装配过紧或损坏；
⑦转向轮某一侧的前稳定杆、下摆臂变形。

（3）故障诊断与排除。

①检查左右转向轮气压是否符合标准或一致，不符合标准或不一致时应充气至标准值或一致值；

②检查前稳定杆和前摆臂是否变形，减振器弹簧刚度及左右钢板弹簧的变形量是否一致；

③行车后检查左右轮毂和制动毂的温度情况，若温度不一致时，则说明高温一侧的制动器存在单边制动、制动拖滞或轮毂轴承装配过紧、损坏等；

④检查转向轴的轴距和转向定位是否符合标准值。

四 评价与反馈

❶ 自我评价

（1）通过本学习任务的学习你是否已经知道以下问题：

①汽车转向系统有哪些类型？_____。

②汽车转向系统常见故障有哪些？_____。

③胎压表上显示的几种刻度之间如何换算？_____。

④检查叶片泵压力过程中遇到了哪些问题？解决的方法是什么？

_____。

（2）更换叶片泵过程中用到哪些专用工具和设备？

_____。

（3）实训过程完成情况如何？

_____。

（4）通过本学习任务的学习，你认为自己的知识和技能还有哪些欠缺？

_____。

签名：_____　　　_____年___月___日

❷ 小组评价（表9-1）

小组评价表　　　　　　　　　　　表9-1

序号	评价项目	评价情况
1	着装是否符合要求	
2	是否能合理规范地使用仪器和设备	
3	是否按照安全和规范的流程操作	
4	是否遵守学习、实训场地的规章制度	
5	是否能保持学习、实训场地整洁	
6	团结协作情况	

参与评价的同学签名：_____　　　_____年___月___日

学习任务9 汽车转向沉重故障的诊断与排除

❸ 教师评价

_____

_____。

教师签名：_____　　　　_____年____月____日

五 技能考核标准

根据学生完成实训任务的情况评价其学习效果。表9-2～表9-6为技能考核标准表。

技能考核标准表（任务一）　　　　　　　　　　　　表9-2

序号	任务	操作内容	规定分	评分标准	得分
1	轮胎胎压检查	记录车辆铭牌信息	5分	记录信息是否全面，缺少一个信息扣1分	
2		胎压表的使用	15分	是否会使用胎压表，不能正确读取数值扣10分	
3		车辆标准胎压的查找	20分	是否能正确找出车辆标准胎压，不能找到标准胎压扣20分	
4		胎压的检查	20分	检查方法是否准确，并给出正确结论，检查方法不对扣10分	
5		确认胎压是否合格	20分	是否正确判断结果，判断结果错误扣20分	
6		安全生产	5分	有无安全隐患，工作中受伤扣5分，工具、设备损坏扣5分	
7		现场5S	10分	是否做到5S，工具、设备整理不到位扣5分，工位不清洁整理扣5分	
8		劳动纪律	5分	是否严格遵守，不遵守劳动纪律扣5分	
		总　　分	100分		

技能考核标准表（任务二）　　　　　　　　　　　　表9-3

序号	任务	操作内容	规定分	评分标准	得分
1	转向储液罐液面高度的检查及油液的更换	记录车辆铭牌信息	5分	记录信息是否全面，缺少一个信息扣1分	
2		转向储液罐液面的检查	15分	转向液液位是否正常，不会检查液位扣15分	
3		转向油液的更换	20分	更换方法是否准确，不按步骤更换，每错一步扣4分	
4		转向系统排气	30分	是否能按维修手册完成转向系统排气，排气方法不对扣10分，不按步骤更换，每错一步扣5分	
5		旧液的处理	10分	是否按照要求回收旧转向液，旧转向液乱丢扣5分	

续上表

序号	任务	操作内容	规定分	评分标准	得分
6	安全生产		5分	有无安全隐患,工作中受伤扣5分,工具、设备损坏扣5分	
7	现场5S		10分	是否做到5S,工具、设备整理不到位扣5分,工位不清洁整理扣5分	
8	劳动纪律		5分	是否严格遵守,不遵守劳动纪律扣5分	
	总 分		100分		

技能考核标准表(任务三) 表9-4

序号	任务	操作内容	规定分	评分标准	得分
1	转向器的调整	记录车辆铭牌信息	5分	记录信息是否全面,缺少一个信息扣1分	
2		确认满足调整前提条件	15分	漏检查一项扣2分,扣分不能超过10分	
3		转向器的调整	30分	是否按照维修手册要求拆卸,不按顺序拆螺钉扣5分,损坏零件扣5分	
4		调整结果检查	30分	是否按照维修手册要求检查转向器间隙,不符合要求的扣30分	
5	安全生产		5分	有无安全隐患,工作中受伤扣5分,工具、设备损坏扣5分	
6	现场5S		10分	是否做到5S,工具、设备整理不到位扣5分,工位不清洁整理扣5分	
7	劳动纪律		5分	是否严格遵守,不遵守劳动纪律扣5分	
	总 分		100分		

技能考核标准表(任务四) 表9-5

序号	任务	操作内容	规定分	评分标准	得分
1	叶片泵供油压力的检查	记录车辆铭牌信息	5分	记录信息是否全面,缺少一个信息扣1分	
2		回油管、进油管的处理	15分	是否夹紧回油管、进油管,错误使用加紧工具扣10分	
3		适配器、压力表的安装	20分	工具安装是否到位,工具安装不到位扣20分	

学习任务9 汽车转向沉重故障的诊断与排除

续上表

序号	任务	操作内容	规定分	评分标准	得分
4	叶片泵供油压力的检查	检查供油压力	30分	检查方法是否准确,并给出正确结论,检查方法不对扣15分	
5		确认压力是否正常	10分	是否正确判断结果,判断结果错误扣10分	
6	安全生产		5分	有无安全隐患,工作中受伤扣5分,工具、设备损坏扣5分	
7	现场5S		10分	是否做到5S,工具、设备整理不到位扣5分,工位不清洁整理扣5分	
8	劳动纪律		5分	是否严格遵守,不遵守劳动纪律扣5分	
	总 分		100分		

技能考核标准表(任务五)　　　　　　表9-6

序号	任务	操作内容	规定分	评分标准	得分
1	叶片泵的更换	记录车辆铭牌信息	10分	记录信息是否全面,缺少一个信息扣1分	
2		拆卸叶片泵	35分	是否能按维修手册完成叶片泵的拆卸,不按顺序拆螺钉扣2分,损坏零件扣5分	
3		安装叶片泵	35分	是否能按维修手册完成叶片泵的安装,不按顺序安装螺钉扣5分,损坏零件扣5分	
4	安全生产		5分	有无安全隐患,工作中受伤扣5分,工具、设备损坏扣5分	
5	现场5S		10分	是否做到5S,工具、设备整理不到位扣5分,工位不清洁整理扣5分	
6	劳动纪律		5分	是否严格遵守,不遵守劳动纪律扣5分	
	总 分		100分		

学习任务 10　汽车制动失灵故障的诊断与排除

 学习目标

 知识目标

1. 掌握汽车制动系统的类型；
2. 了解汽车制动系统的故障现象及原因。

 技能目标

1. 能分析汽车制动失灵故障产生的原因，制订诊断检查计划，正确进行故障部位检查；
2. 能根据维修手册安全规范地完成制动液更换及系统排气，正确进行废油的处理；
3. 能根据维修手册安全规范地完成制动摩擦片更换；
4. 能根据维修手册安全规范地完成制动主缸的更换；
5. 能据维修手册安全规范地完成驻车制动器的调整。

 建议课时

10 课时。

 任务描述

小王家的一辆上海大众 1.4T 帕萨特轿车在行车制动时，踩下踏板，感觉太沉重，且制动不灵，小王要排除该故障，需要分析汽车制动不灵故障的原因，通过对制动系统进行检测，并根据工艺要求排除汽车制动不灵故障，那么小王要知道哪些知识呢？

学习任务 10　汽车制动失灵故障的诊断与排除

一　理论知识准备

1　汽车制动系统的类型

1）按制动系统的作用分类

制动系统可分为行车制动系统、驻车制动系统、应急制动系统及辅助制动系统等。用来使行驶中的汽车降低速度,甚至停车的制动系统称为行车制动系统;用来使已停驶的汽车驻留原地不动的制动系统称为驻车制动系统;在行车制动系统失效的情况下,保证汽车仍能实现减速或停车的制动系统称为应急制动系统;在行车过程中,辅助行车制动系统降低车速或保持车速稳定,但不能将车辆紧急制停的制动系统称为辅助制动系统。上述各制动系统中,行车制动系统和驻车制动系统是每一辆汽车都必须具备的。

2）按制动操纵能源分类

制动系统可分为人力制动系统、动力制动系统和伺服制动系统等。以驾驶员的肌体作为唯一制动能源的制动系统称为人力制动系统;完全靠发动机的动力转化而成的气压或液压形式的势能进行制动的系统称为动力制动系统;兼用人力和发动机动力进行制动的制动系统称为伺服制动系统(助力制动系统)。

3）按制动能量的传输方式分类

制动系统可分为机械式、液压式、气压式、电磁式等。同时采用两种以上传输方式的制动系统称为组合式制动系统。

目前车辆上多采用液压式辅助制动系统,其结构原理图如图10-1所示。

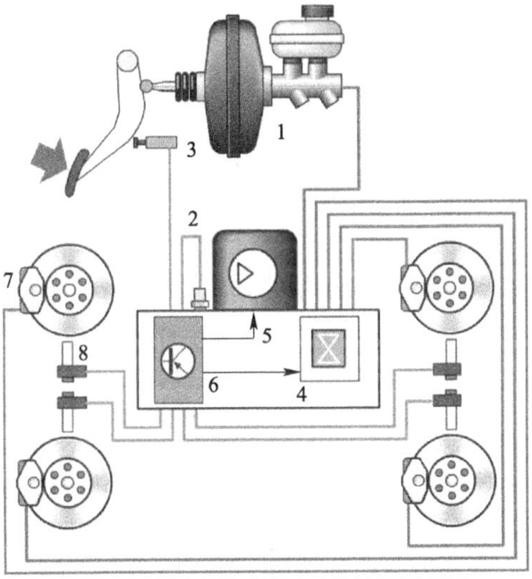

图10-1　液压式辅助制动系统结构原理图

1-制动助力器;2-制动力传感器;3-制动信号灯开关;4-液压单元;5-回液泵;6-控制单元;7-车轮制动轮缸;8-转速传感器

2　汽车制动失灵的故障现象、原因、诊断与排除

1）故障现象

(1)汽车制动时,踩一次制动踏板不能减速或停车,连续踩几次制动踏板,效果也不好;

(2)汽车紧急制动时,制动距离太长。

2）故障原因

(1)制动踏板自由行程太大;

(2)制动主缸储液室内油量不足或无油;

(3)制动液变质(变稀或变稠)或管路内壁积垢太厚;

(4)制动管路内进入空气或制动液气化产生了气阻;

(5)制动主缸、轮缸、管路或管接头漏油;

(6)制动主缸、轮缸的活塞及缸筒磨损过度,皮碗老化或磨损引起密封不良;

(7)制动主缸的进油孔、储液室的通气孔堵塞;

(8)制动主缸的出油阀、回油阀不密封,活塞复位弹簧预紧力太小,活塞前端贯通小孔堵塞;

(9)制动器的制动鼓与制动摩擦片间隙不当,制动鼓与制动摩擦片接触面积太小,制动摩擦片质量不好或沾有油污,制动摩擦片铆钉松动,制动鼓产生沟槽磨损或失圆,制动时变形;

(10)真空增压器或助力器的各真空管路接头松动、脱落,管路有破裂处,膜片破裂或者密封圈密封不良,单向阀、控制阀密封不良,辅助缸活塞、皮碗磨损过甚,单向球阀不密封。

3)诊断与排除

踩动制动踏板做制动试验,根据踩制动踏板时的感觉,检查相应的部位。

(1)连续几次踩制动踏板都能踩到底,且感觉阻力很小。则应检查储液室中制动液液面高度是否符合要求,若液面低于"MIN"线以下,说明制动液液面太低,或者检查制动踏板连动机构有无松脱;

(2)连续几次踩制动踏板时,踏板高度仍过低,并且在踩第一脚制动后,感到总泵活塞未回位,踩下制动踏板时有制动主缸与活塞碰击响声,则应检查主缸的活塞回位弹簧是否过软,主缸的皮碗是否破裂;

(3)连续几次踩制动踏板时,踏板高度低,且感觉阻力小,则应检查制动主缸的进油孔或储液室的通气孔是否堵塞;

(4)一脚踩下制动踏板时,踏板高度过低,连续几脚踩下制动踏板时,踏板高度稍有增高,并有弹性感,则应检查系统内是否存有气体;

(5)一脚踩下制动踏板时,踏板高度较低,连续几脚踩下制动踏板时,踏板高度随之增高且制动效能好转,则应检查制动踏板的自由行程及制动器的间隙;

(6)维持制动踏板高度时,若缓慢或迅速下降,则应检查制动管路是否破裂、管接头是否密封不良;主缸、轮缸皮碗或皮圈密封是否良好;

提示:可踩下制动踏板,观察制动管路是否有制动液渗漏;制动主缸的推杆防尘套处是否有制动液渗漏;轮缸防尘套周围是否有制动液渗漏。

(7)安装真空增压器或助力器的车辆,踩下制动踏板时,若踏板高度适当但太硬,且制动不灵,则应检查增压器或助力器的工作情况,检查制动系油管是否有老化、凹瘪、制动液黏度太大;

(8)踩制动踏板时,若踏板有向上反弹、顶脚的感觉,且制动力不足,则应检查增压器的辅助缸活塞磨损是否过度,辅助缸活塞、皮碗是否密封不良,辅助缸单向球阀是否密封不良;

(9)路试车辆时,观察各车轮的制动情况。若个别车轮制动不良,则应检查该车轮的制动软管是否老化;摩擦片与制动鼓间的间隙是否不当;摩擦片是否有硬化、油污污染、钉外露现象,制动鼓内臂是否磨损成沟槽,摩擦片与制动鼓的接触面积是否过小。

❸ 汽车制动失灵的检测工艺流程

当汽车出现制动失灵故障时,应按照规定的检测工艺流程进行故障分析,如图10-2所示。

学习任务10 汽车制动失灵故障的诊断与排除

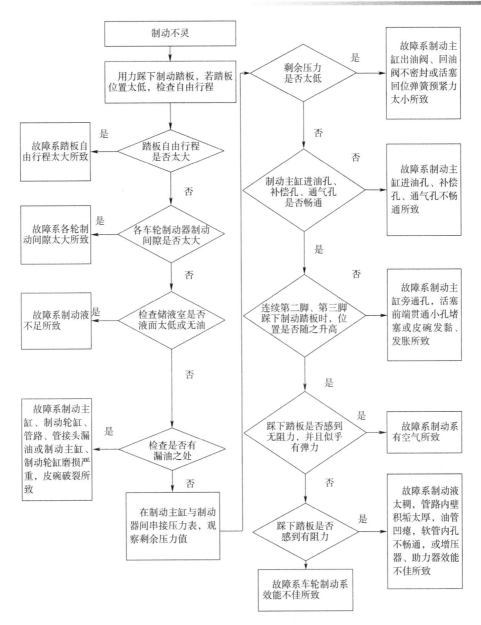

图 10-2 转向沉重故障检测工艺流程图

二 任务实施

(一)任务一:制动系统的排气

① 准备工作

(1)准备好干净的抹布、制动液、制动液加注和排气装置(VAS-5234 或 BSF-10)等设备;

(2)查阅相关维修手册。

2 技术要求与注意事项

(1)注意排气顺序;

(2)使用合适的排气软管,它必须紧固在排气阀上,以避免空气进入制动系统;

(3)排气后必须进行试车,同时必须至少进行一次 ABS 调节。

3 操作步骤

以上海大众途观制动系统排气为例,简单介绍如何进行制动系统排气,其他车型请参考相应的维修手册。

(1)预排气。

①连接制动液加注和排气装置,排气顺序为先同时对左前和右前制动钳排气,然后同时对左后和右后制动钳排气;

②插上排气瓶的软管后打开排气阀,直至排出的制动液无气泡为止;

③通过"基础设定"功能,用测试仪车辆诊断、测量和信息系统对液压单元再次排气。

(2)常规排气。

①连接制动液加注和排气装置;

②以规定的顺序打开排气阀并对制动钳排气,顺序是左前制动钳、右前制动钳、左后制动钳、右后制动钳。

注意:使用合适的排气软管,其必须紧固在排气阀上,以避免空气进入制动系统。

③在插上排气瓶的软管后,打开制动钳排气阀,直至排出的制动液无气泡为止。

(3)再排气。

此操作需要两位维修工。

①踩下制动踏板并保持;

②打开制动钳上的排气阀;

③将制动踏板踩到底;

④在踏板踩下时,关闭排气阀;

⑤慢慢松开制动踏板;

⑥以规定的顺序打开排气阀并对制动钳排气,其必须对每个制动钳进行 5 次排气操作,顺序为左前制动钳、右前制动钳、左后制动钳、右后制动钳;

注意:排气后必须进行试车,同时必须至少进行一次 ABS 调节。

⑦安装车轮,车轮螺栓的拧紧力矩参照维修手册。

(二)任务二:制动液的更换

1 准备工作

(1)准备好干净的抹布、制动液、制动液加注和排气装置(VAS – 5234 或 BSF – 10)等设备;

(2)查阅相关维修手册。

2 技术要求与注意事项

(1)制动液不得与含矿物油(机油、汽油、清洁剂)的液体相混合,矿物油会损坏制动系统的密封件和密封套；

（2）制动液是有毒的，此外，制动液有腐蚀性，不得与油漆接触；

（3）制动液具有吸湿性，它能从周围的空气中吸取水分，因此必须保存在密闭的容器中；

（4）如有制动液溢出，用大量的水冲洗；

（5）遵守废弃物处理规定。

3 操作步骤

（1）从制动液储液罐上拧下密封盖，如图10-3所示；

（2）用制动液加注和排气装置的吸油软管从制动液储液罐中尽可能多地吸出制动液。此时制动液储液罐上的滤网不得拆除，抽出的制动液不得再使用，如图10-4所示；

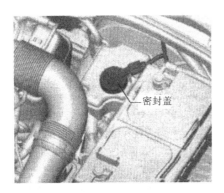
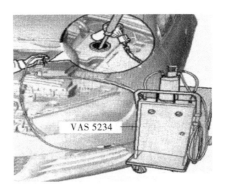

图10-3　密封盖安装位置图　　　　图10-4　制动液加注和排气装置连接示意图

（3）在制动液储液罐上安装适配器，如图10-5所示；

（4）调节制动液加注和排气装置上的压力；

（5）将制动踏板加载器放到驾驶员座椅和制动踏板之间并预紧；

（6）将制动液加注和排气装置的加注软管连接到适配器上；

（7）将收集瓶的排气软管插到左前排气螺栓上，打开排气螺栓并使相应量的制动液流出，排气顺序和排出的制动液量参见表10-1，按规定拧紧力矩关闭排气螺栓，车辆右前、左后、右后侧重复该操作，如图10-6所示；

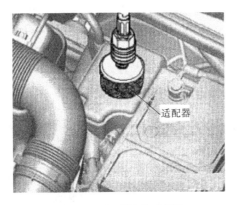
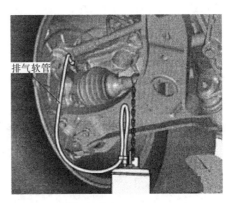

图10-5　适配器安装示意图　　　　图10-6　排气软管安装示意图

排气顺序和排出的制动液量　　　　　　　表 10-1

排气顺序		必须从排气阀中流出的制动液量(L)
制动钳	左前	0.25
	右前	0.25
车轮制动缸/制动钳	左后	0.25
	右后	0.25
离合器从动缸		0.15

(8) 将盖罩装在排气螺栓上;

(9) 将制动液加注和排气装置(VAS-5234)的加注杆移到位置"B"(参见使用说明书);

(10) 拆下适配器上的加注软管;

(11) 从制动液储液罐上拧下适配器;

(12) 检查制动液液位,必要时进行修正,液位必须处于"MAX"和"MIN"之间,如图 10-7 所示;

(13) 拧上制动液储液罐的密封盖,如图 10-8 所示;

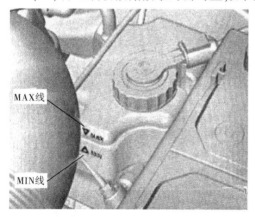

图 10-7　制动液液位指示图

图 10-8　制动液储液罐的密封盖安装位置示意图

(14) 拆下制动踏板加载器;

(15) 检查压力和制动踏板的空行程,一般情况下,空行程最大为踏板行程的 1/3;

(16) 按照规定力矩安装后轮。

(三) 任务三:制动摩擦片的更换

❶ 准备工作

(1) 准备好干净的抹布、拆装工具、活塞复位装置等设备;

(2) 查阅相关维修手册。

❷ 技术要求与注意事项

(1) 拆卸前请在需继续使用的制动摩擦片上做好标记,以便以后安装在原来的位置上,否则会导致制动效果不均匀;

学习任务10 汽车制动失灵故障的诊断与排除

(2)勿用压缩空气吹洗制动系统,因其产生的粉尘对健康有害,只能用酒精清洁制动钳壳体;

(3)在用活塞复位装置将活塞压入汽缸前,必须从制动液储液罐内抽出制动液,否则,如果再添加制动液,制动液会溢出并造成活塞损坏;

(4)安装制动钳时,确保制动摩擦片在没有正确定位前不要卡在制动钳内,不得损坏接触面。

3 操作步骤

以上海大众途观制动系统拆卸和安装前轮制动摩擦片为例,说明其具体的更换步骤,其他车型请参照相应的维修手册。

1)拆卸制动摩擦片的步骤。

(1)拆下车轮;

(2)用螺丝刀将制动摩擦片的止动弹簧从制动钳中撬出并取下,如图10-9所示;

(3)脱开制动摩擦片磨损指示器的插头连接,如图10-10所示;

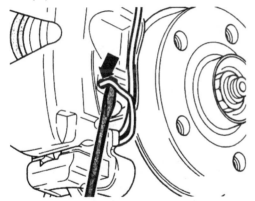
图10-9 止动弹簧安装位置

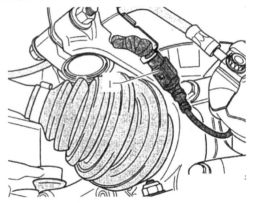
图10-10 制动摩擦片磨损指示器的插头位置

(4)拆下两个盖罩,如图10-11所示;

(5)松开盖罩上的两个导向销,并从制动钳上取出,如图10-12所示;

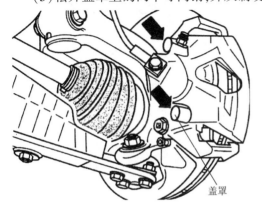
图10-11 拆卸盖罩

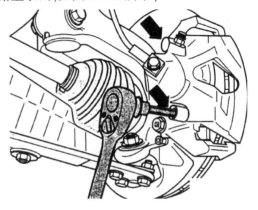
图10-12 拆卸导向销

(6)从制动器支架上取下制动钳;

(7)用活塞复位装置T10145完全压回活塞,如图10-13所示;

(8)用钢丝固定制动钳,以免制动钳的重量使制动软管受载或损坏;

(9)拆下制动摩擦片和摩擦固定片;

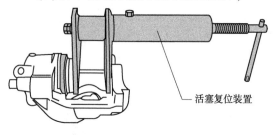

图10-13 活塞复位装置的使用

(10)彻底清洁制动器支架上制动摩擦片的接触面,清除锈蚀;

(11)清洁制动钳,尤其是制动摩擦片的黏接面,其必须无油脂和其他附着物。

2)安装制动摩擦片步骤。

注意事项:在用活塞复位装置将活塞压入汽缸前,必须从制动液储液罐内抽出制动液。否则,如果再添加制动液,制动液会溢出并造成损坏。

(1)将活塞复位,如图10-14所示;

(2)去除外侧制动摩擦片底板上的保护膜;

(3)将外侧制动摩擦片安装在制动器支架上;

(4)将带止动弹簧的内部制动摩擦片装入制动钳(活塞)上;

注意:安装制动钳时,确保制动摩擦片在没有正确定位前不要卡在制动钳内,不得损坏接触面。

(5)用两个导向销将制动钳固定到制动器支架上,如图10-15所示;

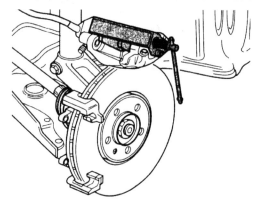

图10-14 复位活塞

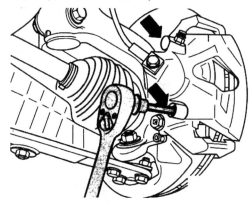

图10-15 安装导向销

(6)装上两个盖罩;

(7)将止动弹簧装入制动钳里;

(8)再次连接制动摩擦片磨损指示器的插头连接;

(9)按规定力矩拧紧车轮。

(四)任务四:制动主缸的更换

1 准备工作

(1)准备好干净的抹布、拆装工具等;

(2)查阅相关维修手册。

学习任务 10　汽车制动失灵故障的诊断与排除

❷ 技术要求与注意事项

(1) 必要时,对带有编码的收音机,先获得收音机编码;
(2) 安装带制动助力器的制动主缸时,注意推杆在制动主缸中的正确位置;
(3) 安装制动主缸后,制动系统需进行排气。

❸ 操作步骤

以上海大众途观制动系统拆卸和安装制动主缸为例,说明具体的更换步骤,其他车型请参照相应的维修手册。

1) 拆卸制动主缸步骤

(1) 必要时,对带有编码的收音机,先获得收音机编码;
(2) 断开蓄电池;
(3) 拆下空气滤清器;
(4) 拆下蓄电池和蓄电池托架;
(5) 将足够多的非纤维质抹布放在发动机和变速箱区域内;
(6) 用制动液加注和排气装置,从制动液储液罐中抽吸尽可能多的制动液;
(7) 拔下离合器主缸的供油软管,将其提起清理,然后固定住,或者用普通工具将供油软管夹住,然后将其拔下,如图 10-16 所示;(适用于装备手动变速器的车辆)。
(8) 从制动液液位报警触点上拔下插头,如图 10-16 所示;
(9) 脱开制动灯开关的插头连接,如图 10-16 所示;
(10) 拆卸制动液储液罐。为此要将储液罐上的卡勾向外压并同时将制动液储液罐从密封塞拉出;
(11) 拧下制动主缸上的制动管路,用维修套件中配件号为 1HO689311A 的密封塞密闭制动管路,如图 10-17 所示;
(12) 从制动主缸上拧下六角螺母,如图 10-17 所示;
(13) 小心从制动助力器中取出制动主缸;
(14) 从制动主缸上拆下制动灯开关。

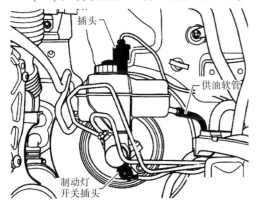

图 10-16　供油软管、制动液液位报警触点开关插头、制动灯开关插头位置图

图 10-17　制动主缸上的制动管路及固定螺栓位置图

2)安装制动主缸顺序

安装制动主缸以倒序进行。

安装时特别注意下列事项:安装带制动助力器的制动主缸时,注意推杆在制动主缸中的正确位置,同时要对制动系统排气。

(五)任务五:驻车制动器的调整

❶ 准备工作

(1)准备好干净的抹布、拆装工具等;

(2)查阅相关维修手册。

❷ 技术要求与注意事项

(1)手制动器的调整只在更换手制动器拉线、制动钳和制动盘时,才需要重新调整;

(2)重新调整后,通过后轮制动器自动调整手制动器。

❸ 操作步骤

(1)拆下中间托架;

(2)至少用力踩三下脚制动器;

(3)拉紧手制动器3次,然后松开,使手制动拉杆位于常态位置;

(4)拧紧调整螺母,如图10-18所示;

(5)直至制动钳上的拉杆从限位处突出,如图10-19所示;

(6)调整左侧和右侧制动钳至限位的距离总计低于1mm或超过3mm,如图10-19所示;

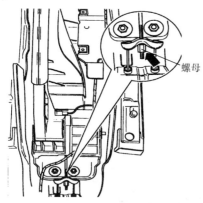

图10-18 手制动器调整螺母位置图

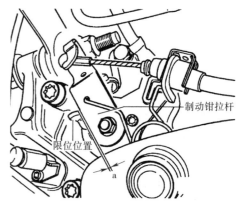

图10-19 制动钳的限位位置图

(7)检查两个车轮是否活动自如。

注意:重新调整后,通过后轮制动器自动调整手制动器。

三 学习拓展

汽车制动系统常见的故障除汽车制动失灵外,汽车制动系统故障还有汽车制动失效、汽车制动跑偏等。

学习任务 10　汽车制动失灵故障的诊断与排除

❶ 汽车制动失效

(1)故障现象。

踩下制动踏板,车辆不减速,即使连续踩几脚制动,也无明显减速作用。

(2)故障原因。

①制动踏板至制动主缸的连接松脱;

②制动储液室无制动液或严重缺少制动液;

③制动管路断裂漏油;

④制动主缸皮碗破裂。

(3)诊断与排除。

通过踩动制动踏板进行试验,根据踩制动踏板时的感觉,相应地检查有关部位。

①若制动踏板与制动主缸无连接感,说明制动踏板与制动主缸的连接松脱,应检查修复;

②踩下制动踏板时,若感到稍有阻力感,则应检查主缸储液室内制动液是否充足,若主缸储液室内无制动液或严重缺少制动液,应添加制动液至规定位置,再次踩下制动踏板时,若仍没有阻力感,则应检查制动主缸至制动轮缸的制动软管或金属管有无断裂漏油;

③踩下制动踏板时,虽然感到有一定的阻力,但踏板位置保持不住,明显下沉,则应检查制动主缸的推杆防尘套处是否有制动液泄漏,若有制动液泄漏,说明制动主缸皮碗破裂,若车轮制动鼓边缘有大量制动液,则应检查制动轮缸皮碗是否压翻、磨损是否严重。

❷ 汽车制动跑偏

(1)故障现象。

①汽车行驶制动时,行驶方向发生偏斜;

②紧急制动时,方向急转或车辆甩尾。

(2)故障原因。

①左右车轮轮胎气压、花纹或磨损程度不一致;

②左右车轮轮毂轴承松紧不一、个别轴承破损;

③左右车轮制动蹄摩擦衬片材料不一或新旧程度不一,左右车轮制动蹄摩擦片与制动鼓的接触面积、位置不一样或制动间隙不等;

④左右车轮轮缸的技术状况不一,造成起作用时间或张力大小不相等;

⑤左右车轮制动鼓的厚度、直径、工作中的变形程度和工作面的粗糙度不一;

⑥单边制动管路凹瘪、阻塞或漏油,单边制动管路或轮缸内有气阻,单边制动蹄与支承销配合过紧或锈蚀;

⑦一侧悬架弹簧折断或弹力过低,一侧减振器漏油或失效;

⑧前轮定位失准,感载比例阀故障;

⑨转向传动机构松旷;

⑩车架、车桥在水平平面内弯曲,车架两边的轴距不等。

（3）诊断与排除。

①若车辆正常行驶时,亦有跑偏现象,则首先做以下外观检查:检查左右车轮轮胎气压、花纹和磨损程度是否一致;检查各减振器是否漏油或失效;检查悬架弹簧是否折断或弹力是否一致。

②支起车轮,用手转动和轴向推拉车轮轮胎,若一侧车轮有松旷或过紧感觉,应重新调整轴承的预紧度,若转动车轮有发卡或异响,应检查该轮轮毂轴承是否破损或毁坏。

③对汽车进行路试,制动后,若汽车向一侧跑偏,则为另一侧的车轮制动不良。

故障排除方法如下。

对该车轮制动器进行放气,若无制动液喷出,说明该轮制动管路堵塞,应予以更换。若放出的制动液中有空气,说明该轮制动管路中混入空气,应予以排放。观察该轮制动器间隙,若制动器间隙过大,说明制动蹄摩擦片磨损严重或制动自调装置失效,应更换。

上述检查正常,应拆检该轮制动器。检查制动盘或制动鼓是否磨损过甚或有沟槽,若磨损过甚,应更换;若有严重沟槽,应进行车削或镗削;检查制动蹄摩擦片（摩擦衬块）是否有油污或水湿及磨损过甚,若摩擦片（衬片）有油污或水湿,应查明原因并清理,若摩擦片磨损过甚,应更换;检查制动轮缸或制动钳活塞,若有漏油或发卡现象,应更换。

④若制动时,出现忽左忽右跑偏现象,则应检查前轮定位是否符合要求,若前轮定位不正确,应调整,检查转向传动机构是否松旷,若松旷,应紧固、调整或更换。

⑤若在制动时,车辆出现甩尾现象,应检查感载比例阀是否有故障。

四 评价与反馈

1 自我评价

（1）通过本学习任务的学习你是否已经知道以下问题:

①汽车制动系统有哪些类型? _____。

②汽车制动系统常见故障有哪些? _____。

③制动系统排气过程中遇到了哪些问题? 你是如何解决的?

_____。

（2）更换制动摩擦片过程中用到哪些专用工具和设备?

_____。

（3）实训过程完成情况如何?

_____。

（4）通过本学习任务的学习,你认为自己的知识和技能还有哪些欠缺?

_____。

签名:_____　　_____年___月___日

学习任务10 汽车制动失灵故障的诊断与排除

❷ 小组评价(表10-2)

小组评价表　　　　　　　　　　表10-2

序号	评价项目	评价情况
1	着装是否符合要求	
2	是否能合理规范地使用仪器和设备	
3	是否按照安全和规范的流程操作	
4	是否遵守学习、实训场地的规章制度	
5	是否能保持学习、实训场地整洁	
6	团结协作情况	

参与评价的同学签名：_____　　____年___月___日

❸ 教师评价

_____。

教师签名：_____　　____年___月___日

五 技能考核标准

根据学生完成实训任务的情况评价其学习效果。表10-3～表10-7为技能考核标准表。

技能考核标准表(任务一)　　　　　　　　　　表10-3

序号	任务	操作内容	规定分	评分标准	得分
1	制动系统的排气	记录车辆铭牌信息	5分	记录信息是否全面，缺少一个信息扣1分	
2		排气前准备	15分	不能正确使用工具扣5分	
3		预排气	20分	是否按维修要求预排气，顺序错误扣10分，基础设定错误扣10分	
4		排气	20分	是否按维修要求排气，顺序错误扣10分	
5		再排气	20分	是否按维修要求再排气，两人配合失误扣10分	
6	安全生产		5分	有无安全隐患，工作中受伤扣5分，工具、设备损坏扣5分	
7	现场5S		10分	是否做到5S，工具、设备整理不到位扣5分，工位不清洁整理扣5分	
8	劳动纪律		5分	是否严格遵守，不遵守劳动纪律扣5分	
	总　分		100分		

技能考核标准表（任务一）　　　　　　　　　　　　　　　　　　　　表 10-4

序号	任务	操作内容	规定分	评分标准	得分
1	制动液的更换	记录车辆铭牌信息	5 分	记录信息是否全面，缺少一个信息扣 1 分	
2		明确使用制动液需要注意的事项	15 分	是否明确使用制动液需要注意的事项，错误使用制动液扣 10 分	
3		更换制动液的具体步骤	20 分	是否能按维修手册完成制动液的更换，漏一个步骤扣 5 分	
4		制动系统排气	20 分	是否能按维修手册完成制动系统排气，排气达不到标准扣 10 分	
5		制动液位检查	20 分	是否正确判断结果，检查方法不对扣 10 分	
6	安全生产		5 分	有无安全隐患，工作中受伤扣 5 分，工具、设备损坏扣 5 分	
7	现场 5S		10 分	是否做到 5S，工具、设备整理不到位扣 5 分，工位不清洁整理扣 5 分	
8	劳动纪律		5 分	是否严格遵守，不遵守劳动纪律扣 5 分	
	总　　分		100 分		

技能考核标准表（任务三）　　　　　　　　　　　　　　　　　　　　表 10-5

序号	任务	操作内容	规定分	评分标准	得分
1	制动摩擦片的更换	记录车辆铭牌信息	5 分	记录信息是否全面，缺少一个信息扣 1 分	
2		确认满足更换前提条件	15 分	拆卸前不做标记扣 5 分，制动钳复位工具使用错误扣 10 分	
3		拆卸制动摩擦片	10 分	是否能按维修手册完成制动摩擦片的拆卸，不按顺序拆卸扣 5 分，损坏零件扣 5 分	
4		安装制动摩擦片	10 分	是否能按维修手册完成制动摩擦片的安装，不按顺序安装扣 5 分，损坏零件扣 5 分	
5	安全生产		5 分	有无安全隐患，工作中受伤扣 5 分，工具、设备损坏扣 5 分	
6	现场 5S		10 分	是否做到 5S，工具、设备整理不到位扣 5 分，工位不清洁整理扣 5 分	
7	劳动纪律		5 分	是否严格遵守，不遵守劳动纪律扣 5 分	
	总　　分		100 分		

学习任务10 汽车制动失灵故障的诊断与排除

技能考核标准表(任务四) 表10-6

序号	任务	操作内容	规定分	评分标准	得分
1	制动主缸的更换	记录车辆铭牌信息	10分	记录信息是否全面,缺少一个信息扣1分	
2		拆卸制动主缸	35分	是否能按维修手册完成制动主缸的拆卸,不按顺序拆卸扣10分,损坏零件扣10分	
3		安装制动主缸	35分	是否能按维修手册完成制动主缸的安装,不按顺序安装扣10分,损坏零件扣10分	
4	安全生产		5分	有无安全隐患,工作中受伤扣5分,工具、设备损坏扣5分	
5	现场5S		10分	是否做到5S,工具、设备整理不到位扣5分,工位不清洁整理扣5分	
6	劳动纪律		5分	是否严格遵守,不遵守劳动纪律扣5分	
	总 分		100分		

技能考核标准表(任务五) 表10-7

序号	任务	操作内容	规定分	评分标准	得分
1	驻车制动器的调整	记录车辆铭牌信息	10分	记录信息是否全面,缺少一个信息扣1分	
2		驻车制动器的调整	70分	是否能按维修手册完成驻车制动器的调整,驻车制动器调整不到位扣40分	
3	安全生产		5分	有无安全隐患,工作中受伤扣5分,工具、设备损坏扣5分	
4	现场5S		10分	是否做到5S,工具、设备整理不到位扣5分,工位不清洁整理扣5分	
5	劳动纪律		5分	是否严格遵守,不遵守劳动纪律扣5分	
	总 分		100分		

学习任务11　汽车轮胎异常磨损故障的诊断与排除

学习目标

知识目标

1. 了解典型的轮胎异常磨损现象；
2. 了解汽车轮胎异常磨损故障的可能原因；
3. 掌握汽车轮胎异常磨损故障的检修工作方法及诊断步骤。

技能目标

1. 能根据设备使用说明书，正确使用四轮定位仪完成车轮定位检查与调整；
2. 会根据设备使用说明书，正确使用轮胎拆装机和轮胎动平衡仪完成轮胎拆装与动平衡；
3. 能正确测量轮胎气压及进行轮胎换位；
4. 会按轮胎故障排除的检验标准实施检验，并能向客户解释故障判断及处理结果。

建议课时

14课时。

任务描述

老张有一辆丰田轿车，在4S店进行2万公里维护时，服务顾问在做环车检查后，告诉老张两个前轮磨损异常，内侧的磨损量要比外侧多。老张想知道出现这些现象的原因是什么？需要学习哪些有关轮胎的基础知识，怎样才能排除轮胎的不正常磨损？

学习任务 11 汽车轮胎异常磨损故障的诊断与排除

一 理论知识准备

1 轮胎动平衡

汽车的车轮是由轮胎、轮毂组成的一个整体。但由于制造上的原因,使整体各部分的质量分布不可能非常均匀。当汽车车轮高速旋转起来后,就会形成动不平衡状态,造成车辆在行驶中车轮抖动、转向盘振动的故障。为了避免这种现象或是排除已经发生的这种故障,就要使车轮在动态情况下通过增加配重的方法,使车轮校正各边缘部分的平衡。这个校正的过程就是人们常说的动平衡。

2 轮胎上的平衡块

细心的车主会发现在汽车车轮的轮毂边缘上,有一块或多块大小不等的小铅块,如图11-1 所示。这些小铅块有的会贴在轮毂内侧,有的会卡在轮毂外侧。与各式各样漂亮的轮毂相比,这些个小铅块好像有些不太相衬。但正是这个小小的铅块,对汽车高速行驶的稳定性起着非常重要的作用。

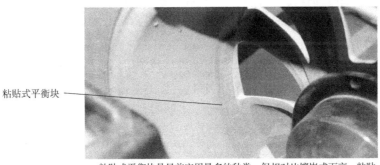

粘贴式平衡块

粘贴式平衡块是目前应用最多的种类,但相对比镶嵌式而言,粘贴式更容易受到外力影响掉落。

镶嵌式平衡块

在观察镶嵌式平衡块的时候,要主要观察轮毂内外两则,因为镶嵌式平衡块有两种固定位置,分别是轮毂外侧和轮毂内侧。

图 11-1 平衡块

3 轮胎磨损标志

轮胎磨损标志,是表明轮胎胎面磨损已到极限的标志,如图 11-2 所示。其位于胎底花纹沟的底部,稍稍高于沟底 1.6 mm 的凸台。

图 11-2 轮胎磨损标志

4 轮胎磨损的辨别

(1)轮胎的正常磨损。

橡胶轮胎由橡胶和骨架材料构成,装在汽车车轮轮辋上,是汽车与地面之间的传力元件,起着承载、驱动、转向、制动等作用,其性能的优劣将直接影响到汽车的动力性、转向操纵性、制动性、行驶平顺性、乘坐舒适性及安全性等。轮胎磨损主要是轮胎与地面间滑动产生的摩擦力造成的,汽车起步、转弯及制动等行驶条件的不断变化,转弯速度过快、起步过急、制动过猛,轮胎的磨损速度就快。另外,轮胎的磨损还与汽车的行驶速度有关,行驶速度愈快,轮胎磨损愈严重,路面的质量也直接影响到轮胎与地面的摩擦力,路面较差时,轮胎与地面滑动加剧,轮胎的磨损加快。以上情况产生的轮胎磨损,基本上是均匀的,属正常磨损。

(2)轮胎的异常磨损。

常见的轮胎异常磨损包括如下方面:

①轮胎的中央部分早期磨损。主要原因是充气量过大。适当提高轮胎的充气量,可以减少轮胎的滚动阻力,节约燃油。但充气量过大时,不但影响轮胎的减振性能,还会使轮胎变形量过大,与地面的接触面积减小,正常磨损只能由胎面中央部分承担,形成早期磨损。如果在窄轮辋上选用宽轮胎,也会造成中央部分早期磨损。

②轮胎两边磨损过大。主要原因是充气量不足,或长期超负荷行驶。充气量小或负荷重时,轮胎与地面的接触面大,使轮胎的两边与地面接触而形成早期磨损。

③个别轮胎磨损量大。个别车轮的悬架系统失常、支承件弯曲或个别车轮不平衡都会造成个别轮胎早期磨损。出现这种情况后,应检查车轮磨损严重的定位情况、独立悬架弹簧和减振器的工作情况,同时应缩短车轮换位周期。

④轮胎出现斑秃形磨损。在轮胎的个别部位出现斑秃性磨损的原因是轮胎平衡性差。当不平衡的车轮高速转动时,个别部位受力大,磨损加快,同时转向发抖,操纵性能变差。若在行驶中,发现某一个特定速度方向有轻微抖动时,就应该对车轮进行动平衡,以防出现斑秃形磨损。

⑤轮胎的一边磨损量过大。主要原因是前轮定位失准。如果车辆前束过大,甚至为负前束(就是通俗称的外"八"字或是倒"八"字),往往容易引起左右轮胎的对称性的内侧磨损,反之如果车辆前束过小,往往容易引起左右轮胎的对称性的外侧磨损。一般来说,这两种情况通过四轮定位的调整,基本都能解决。

其实以上无论哪种不正常磨损出现在轮胎上时,作为车主,都应该注意。因为,这些不起眼儿的磨损都有可能导致车轮爆胎。轻则耽误车主的时间,重则会危及车主的生命安全。

二 任务实施

(一)任务一:轮胎胎压的测量与轮胎的装卸

❶ 使用轮胎测压计测车胎气压

1)准备工作

(1)将实训车辆停放在检测区域。

(2)检查实训室通风系统设备工作是否正常。

(3)准备打气机、轮胎测压计等教学用具。

2)技术要求与注意事项

(1)充气过程中要注意安全,随时用气压表检查气压,以免轮胎因充气过多而爆胎。

(2)停止行驶后,需等轮胎散热后再充气,因车辆行驶时胎温会上升,对气压有影响。

(3)充气时不应超过标准过多后再行放气,也不能因长期外出不能充气而过多地充气,如超过标准过多或促使帘线过分伸张,引起其强度降低,影响轮胎寿命。

(4)充气前应将气门嘴上的灰尘擦净,重启完毕后应用肥皂水涂在气门嘴上,检查是否漏气(如果漏气,就会产生小气泡),并将气门嘴帽配齐装紧,防止泥沙进入气门嘴内部。

(5)子午线轮胎充气时,由于结构的原因,其下沉量、接地面积均较大,往往误认为充气不足而过多地充气。

3)操作步骤

(1)与客户交流,记录车辆信息和建立联系,如图11-3为车辆信息。准确记录车辆信息对于汽车检测与维修有重要意义。

测量轮胎气压前,首先要保证汽车轮胎处于冷胎状态,即车辆已经静止很长时间了。这时测量的轮胎气压比较准确,如果轮胎刚跑了很长一段路,轮胎很热的情况下,测量轮胎气压会偏高,测量也就不准确了。

(2)用肉眼观察一下哪个轮胎比较扁就先测量哪一个,然后把轮胎气门嘴上的嘴帽拧下来,如图11-4。

(3)准备轮胎测压计,如图11-5,把金属头对准气门嘴,顺时针迅速地拧紧,注意对气门嘴时会听见撒气的声音,因此要快速一些,以防轮胎跑气。

(4)拧紧之后就可以看测压计的数值了,如图11-6,用测量值对比标准胎压,若胎压过高,需要按压胎压表上的泄气阀按钮;若胎压过低,则需要及时进行充气。很多人不会看测压计,主要因为气体有很多换算单位。这里我们只需记住一个单位:$1\text{kPa}=0.01\text{kg/m}^2$,那么这辆小车标注的轮胎标准气压是180kPa,那换算成测压计上的数值就是1.8kg/m^2,要注意所说的测压计上的数值指的是内圈黑色的数值。

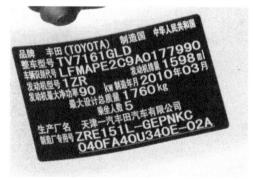

图11-3 车辆信息

图11-4 拧下轮胎气门嘴上的小盖子

图11-5 连接轮胎测压计

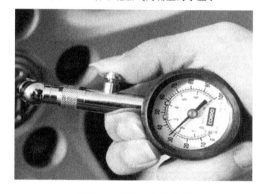

图11-6 读出轮胎气压值

注意:如果你不知道该车的标准气压,可从车辆维护手册以及驾驶舱门框处等多处地方获取胎压标准值。

❷ 使用拆胎机拆装轮胎

1)准备工作

(1)将实训车辆停放在检测区域。

(2)检查实训室通风系统设备工作是否正常。

(3)准备打气机、轮胎测压计、轮胎拆装机等教学用具。

2)技术要求与注意事项

(1)操作前必须经过老师培训合格,或在老师的指导下操作轮胎拆装机。

(2)操作时需要使用合适的设备和工具,穿着防护工作服,使用合适的安全保护设施,如护目镜、耳塞、安全鞋等。

(3)当安装和拆卸轮胎时,为了不损伤轮辋,特别是铝合金轮辋,必须使用专用的轮胎撬杠。

(4)为了方便轮胎的拆卸和保护轮胎及轮辋,在轮胎和轮辋之间,务必要使用工业润滑剂或浓肥皂水进行润滑。

（5）对于某些类型的轮胎，要注意轮胎外侧壁的凸缘和轮胎上标出的转动方向。

（6）所安装的轮胎尺寸应与轮辋尺寸相一致。

（7）在安装和拆装轮胎之前，要检查轮辋是否受过损伤（变形或轮辋外缘的表面受损，轮辋轴向或径向的跳动过大，腐蚀或整体磨损）。

（8）轮胎的气门嘴应对准钢圈的气门嘴孔，不能歪斜，以免损坏气门嘴。

3）操作步骤

轮胎拆装机是一种实现将汽车轮胎从轮毂上拆下、安装的充气功能的设备，如图11-7所示。它主要用于轮胎的修补、更换、安装等，是汽车修理厂、4S店、汽车轮胎店和汽车装胎厂等必备的设备。其还称为扒胎机、拆胎机等。

轮胎拆装机主要有半自动侧摆臂式轮胎拆装机、半自动右倒臂式轮胎拆装机、全自动轮胎拆装机等。现以半自动摆臂式轮胎拆装机为例，简要介绍拆装机的基本组成、轮胎拆装过程以及在轮胎拆装过程中的一些注意事项。

（1）轮胎的拆卸操作步骤。

①首先将轮胎进行放气处理。

②清除车轮上的杂物和平衡块，以免发生危险。

③如图11-8所示，将轮胎垂直放在分离铲与机座橡胶之间，把分离铲移向轮胎，踩下分离铲踏板，分离铲在气体压力作用下使轮胎松动。

注意：轮胎要垂直放置，防止分离铲损伤轮辋。

④如图11-9所示，将轮辋固定在工作盘上。

注意：轮辋正面朝上。

图11-7 轮胎拆装机

图11-8 压松轮胎

图11-9 轮辋正面朝上

⑤在轮辋边缘涂少许润滑剂。按下升降杆,使拆装器接触轮辋边缘。如图11-10所示,以拆卸器的一端为支点,用杠杆撬起轮胎外缘,踩下工作盘旋转踏板,使工作盘和轮胎一起旋转,使轮胎上缘脱离轮辋。

⑥如图11-11所示,用同样的方法把轮胎下边缘也拆下,使轮胎与轮辋彻底脱离。

图11-10 拆下轮胎上缘

图11-11 拆下轮胎下缘

(2)轮胎的安装操作步骤。

①轮辋放到工作盘上并卡紧。

在轮胎唇边涂少许润滑剂,如图11-12所示,将轮胎下缘一部分套装在轮辋上,踩下间柱操作踏板后,按下升降杆,使升降杆靠近轮辋边缘,用手按住轮胎,踩下工作盘并旋转踏板,转动轮胎,使轮胎下缘安装在轮辋上。

②用同样的方法把轮胎上缘也装到轮辋上,特别注意要边转边压,如图11-13所示。

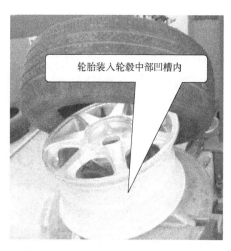
图11-12 将轮胎装入轮毂

图11-13 将轮胎上缘装到轮辋上

学习任务 11　汽车轮胎异常磨损故障的诊断与排除

③全部压进后,使用气压表充气,气压 2.2kPa。

④充气完毕后,用少许肥皂水涂抹于轮胎和毂接触边缘,检查是否有漏气现象。

(二)任务二:使用轮胎动平衡机测试轮胎的动平衡

❶ 准备工作

(1)将实训车辆停放在检测区域。

(2)检查实训室通风系统设备工作是否正常。

(3)准备打气机、轮胎测压计、轮胎动平衡机等教学用具。

❷ 技术要求与注意事项

(1)若出现报警,查看报警的具体内容,然后对照状态显示,进一步确定是哪个状态未到位。

(2)一般情况下,若报警的条件都满足,拍下急停后,设备重新上电再操作。

(3)触摸屏上的操作面板按钮,蓝底表示未动作,青底表示动作已完成。

(4)注意在做完标定(包括轮辋零度标定、不平衡量标定、偏心补偿量标定、精度标定)以后,注意将状态改为测量。反之,亦然。

(5)如若在测量的过程中由于各种原因(包括有报警、打手动、拍急停等等)而中断测量,解决问题后要继续做测量时需先原点复位,再打自动,并且按自动运行按钮。

(6)更换轮辋时,需调整托架平行输送辊间距,以防止磕碰轮辋。

(7)注意脱胎器要保持与轮辋适当距离,以防止磕碰轮辋。

(8)在换完轮辋以后,切忌不要在操作面板里点击上轮辋下降,而是要在伺服状态及调试里,手动点击轮辋伺服进行慢速下降。否则,易造成碰撞引起损坏。

(9)在工作状态下关闭安全门,避免发生危险。

(10)在机器自动运行情况下,切记不要靠近链条、汽缸、各类开关、托架、输送辊、输送带、电机、伺服、空开、电源等。

❸ 操作步骤

轮胎平衡分为动平衡和静平衡两种。动态不平衡会使车轮摇摆,令轮胎产生磨损;静态不平衡会产生颠簸和跳动现象,往往使轮胎产生平斑现象。因此定期检测平衡不但能延长轮胎寿命,还能提高汽车的行驶稳定性,避免在高速行驶时因轮胎摆动、跳动,失去控制而造成的交通事故。轮胎动平衡机如图 11-14 所示,主要由平衡机主轴、车轮锁紧锥套、显示仪、轮胎防护罩等组成。

现以轮胎规格 195/60 R15 铝质辐板式车轮为例介绍轮胎平衡机的操作。

(1)清除轮胎上的杂物及拆卸旧的平衡块,检查胎压,确保气压在标准范围内。

(2)将轮胎套装在动平衡机主轴上,选择适合的锥体,注意锥体的方向,如图 11-15 所示。

(3)用专用车轮锁紧扳手将车轮固定在主轴上并锁紧,注意力度不能过大,如图 11-16 所示。

（4）拖出测量标尺测量动平衡机离车轮轮辋的距离（英寸），如图11-17所示。

图11-14　轮胎动平衡机

图11-15　将轮胎套装在动平衡机主轴上

图11-16　专用车轮锁紧扳手锁紧

图11-17　测量动平衡机离车轮轮辋的距离

（5）向机器面板输入动平衡机离轮辋的距离数值，如图11-18所示。

图11-18　输入动平衡机离轮辋的距离数值

（6）用测量卡钳测量轮辋宽度，如图11-19所示。

（7）向机器面板输入轮辋宽度的数值，如图11-20所示。

学习任务 11　汽车轮胎异常磨损故障的诊断与排除

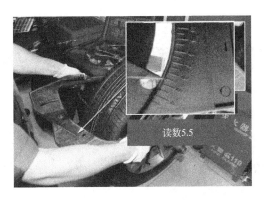

图 11-19　测量轮辋宽度

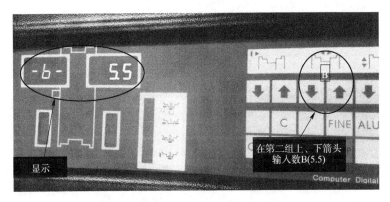

图 11-20　输入轮辋宽度的数值

(8) 在轮胎边缘找出轮胎规格读数 195/65R15(字母 R 后面是轮辋直径 D15),如图 11-21 所示。

图 11-21　轮辋直径

(9) 向机器面板输入轮辋宽度的相应数值,如图 11-22 所示。

(10) 用手转动轮胎,按 STRAT 键,如图 11-23 所示。车轮下在旋转中,机器在进行数值的收集与计算,这时候不能有外力施加在平衡机上。

(11) 如图 11-24 所示,显示面板上左边是车轮内侧信息,右边为外侧信息。转动车轮,当指示灯全亮时停止,在轮辋的外侧上部,加打上相应质量的平衡块。

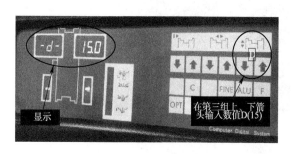

图 11-22 输入轮辋宽度

图 11-23 按 STRAT 键

（12）如图 11-25 所示，在内、外侧也相应打上显示器指示的平衡块，内侧选一个 5g 的平衡块，外侧选一个 25g 的平衡块，并在轮辋外侧最高位装上，或者也可两块相加质量和为 25g 的平衡块。

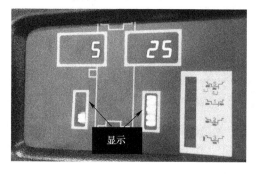

图 11-24 平衡块的数值

图 11-25 在轮辋内、外侧打入平衡块

（13）装好平衡块后，按下 STRAT 键，再次测量，显示仪两边显示数值的误差在规定范围内（误差值在 5g 内），如图 11-26 所示，车轮即达到动平衡要求。轮胎动平衡检查完毕后，松开车轮锁紧扳手，拆除锥套，取下轮胎，切断电源，擦洗平衡机。

注意：避免主轴或平衡机本体强烈振动；避免重物敲击平衡机的任何部件。

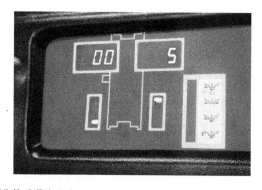

图 11-26 贴好平衡块后误差显示

(三)任务三:使用四轮定位仪进行四轮定位

❶ 准备工作

(1)将实训车辆停放在检测区域。

(2)检查实训室通风系统设备工作是否正常。

(3)准备打气机、轮胎测压计、四轮定位仪、挡块、五件套等教学用具。

❷ 技术要求与注意事项

(1)使用交流 210~230V、50Hz 电源,最好使用稳压器或 UPS。

(2)一定要有搭铁保护。

(3)关闭电脑四轮定位仪后,请关闭上插座上的电源。

(4)连接的相关电源设备必须符合国家电工标准。

(5)未切断电源的情况下,一定不要对机器的各连线进行拔、插操作。

(6)传感器充电每次充满需 6 小时以上。

(7)传感器的通信测量窗口需定期用软布蘸酒精清洁擦拭。

(8)传感器每日应在充足电量下工作,以保证其测量稳定。

(9)传感器蓄电池充满电后,如放电时间低于 2.5 小时应立即更换。

(10)使用过程中应避免强光或太阳光干扰。

(11)设备中内置精密传感元件,切勿振动及撞击、滑落,避免由此而带来传感元件的损坏。

(12)切勿私自拆开改变原有结构件。

(13)夹具安装在轮辋上一定要牢固,且用橡皮圈做意外防护。

❸ 操作步骤

汽车的转向车轮、转向节和前轴三者之间的安装具有一定的相对位置,这种具有一定相对位置的安装叫作转向车轮定位,也称前轮定位。前轮定位包括主销后倾(角)、主销内倾(角)、前轮外倾(角)和前轮前束四个内容。这是对两个转向前轮而言,但是对两个后轮来说,也同样存在与后轴之间安装的相对位置,称后轮定位。后轮定位包括车轮外倾(角)和逐个后轮前束。这样前轮定位和后轮定位总起来说叫四轮定位。

汽车四轮定位仪(图 11-27)是用于检测汽车车轮的定位参数,并与原厂设计参数进行对比,指导使用者对车轮定位参数进行相应调整,使其符合原设计要求,以达到理想的汽车行驶性能,即操纵轻便、行驶稳定可靠、减少轮胎异常磨损的精密测量仪器。下面以百斯巴特四轮定位仪进行四轮定位。

图 11-27 四轮定位仪

(1)定位前的准备工作操作步骤。

①汽车开上举升机之前,先检查转角盘的销子是否销好,防止损坏转角盘内的传感器,防止车身滑动。

②应尽量将车停在转角盘和后滑板的中心,防止前轮 20°转向测量时对转向机构有附加阻力。

③将车在举升机上停正后,先检查一下胎压是否正常,胎压不正确会使车身倾斜。

④安装卡具,调整卡具尺寸与轮胎轮毂尺寸一致,如图 11-28 所示。如果需要,安装合适的卡爪护套。并且注意夹紧臂要钩住轮胎的同一胎纹内,防止卡具带来测量误差。同时安装卡具时,需要将卡具黄色标签上的最长刻度对准相应的钢圈尺寸,这样在测量时,才能得到车辆悬架的真实值。

⑤取下转角盘和后滑板的固定销钉,按压振动前后车身,使前后悬架系统复位。

⑥将举升机升到最低锁孔位置(或调车位置),保证工作面的水平,如图 11-29 所示。传感器在水平度不同的平面会测出不同的数值。所以,应在水平面上检测车辆。

图 11-28　安装卡具

图 11-29　水平面上检测车辆

(2)进入检测程序操作。

①输入客户信息,如图 11-30 所示。

②输入和调整车辆。

③输入维修站信息。

④选择与定位匹配的车型数据,用鼠标选择被检车型,然后双击"确认",如图 11-31 所示。

(3)偏位补偿。

只有完成钢圈偏位补偿的操作,才能保证定位测量的精度,那是因为钢圈存在有较明显的失圆或装卡不到位都会带来测量误差;卡具的卡爪存在磨损的情况下会带来测量误差;特殊钢圈,例如边缘呈弧形凸起表面或无缘钢圈,需要配合使用卡爪套管装卡的情况下,会带来测量误差。

①偏位补偿的准备工作。

(a)拉紧车辆驻车制动装置,然后用二次举升器举升车辆前轴,使前轮高出检测平台约 6cm。转动转向盘使车辆大致处于正前方向。

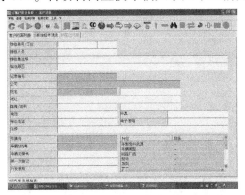

图 11-30　输入客户信息

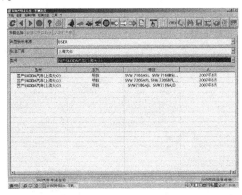

图 11-31　选择与定位匹配的车型数据

(b)在偏位补偿过程中请勿转动转向盘。

(c)松开卡具上用来固定传感器销的紧固螺栓,使传感器能自由转动。在偏位补偿过程中,请保持传感器处于大致水平的状态。

②做偏位补偿时的车辆举升的顺序。

(a)将自动变速箱的车辆挂 P 挡或将手动变速箱的车辆挂一挡,松开驻车制动装置。

(b)使用二次举升机将车辆后轴抬高至车轮悬空离地 6cm 左右。

(c)按步骤完成后轴两轮的偏位补偿并计算结果。

(d)松开后滑板的销子,放下后轴,使车轮充分着地。

(e)拉紧驻车制动,将车挂空挡。使用二次举升机将前轴抬高悬空,车轮离地 6cm 左右。

(f)按步骤完成前轴两轮的偏位补偿并计算结果。

(g)取下转角盘的固定销子,放下二次举升机,将车轮缓慢地落回到转角盘上。

③偏位补偿操作步骤(以四柱举升机为例)。

(a)转动左后轮,使快速卡具的三个卡爪之一指向正上方。参照水平气泡,把传感器大致调平,如图 11-32 所示。然后按一下传感器面板上的偏位补偿键,等待偏位补偿灯闪亮。

图 11-32　传感器面板

(b)偏位补偿灯熄灭之后,屏幕上的左后轮图标会有一块变为绿色,如图 11-33 所示。接下来按照车轮行驶的方向把车轮大致转动 90°,然后把传感器调成水平状态,再按一下偏位补偿键,等待偏位补偿灯闪亮。

(c)偏位补偿灯熄灭之后,屏幕上的左后轮图标会有两块变为绿色,如图11-34所示。接下来按照车轮行驶的方向把车轮再转动90°,此时卡具卡爪转过180°,然后把传感器调成水平状态,再按一下偏位补偿键,等待偏位补偿灯闪亮。

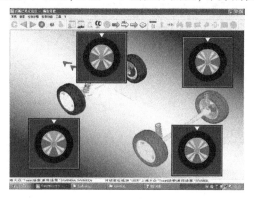

图11-33　左后轮图标会有一块变为绿色　　　图11-34　左后轮图标会有两块变为绿色

(d)偏位补偿灯熄灭之后,屏幕上的左后轮图标有三块变为绿色,如图11-35所示。接下来按照车轮行驶的方向把车轮再转动90°,此时卡具卡爪转过270°,然后把传感器调成水平状态,再按一下偏位补偿键,等待偏位补偿灯闪亮。

(e)偏位补偿灯熄灭之后,屏幕上的左后轮图标的四块都变成绿色了,如图11-36所示。接下来按照车轮行驶的方向把车轮再转动90°,使卡具卡爪重新回到起始位置,使卡爪指向正上方。

 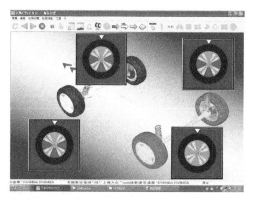

图11-35　屏幕上的左后轮图标有三块变为绿色　　　图11-36　屏幕上的左后轮图标有四块变为绿色

(f)把左后传感器调成水平状态,然后拧紧卡具上紧固传感器销的螺栓。按下传感器上的偏位补偿计算键,确保相应的偏位补偿计算灯闪亮。

这时屏幕上左后轮的图标上出现偏位补偿的最大数值,并用黄色指针指示出最大偏位补偿量出现的位置,如图11-37所示。

(g)同样的方法,对右后轮做偏位补偿。

(h)右后轮偏位补偿完成之后,把左、右后轮恢复到按偏位补偿计算键时,车轮所处的位置,放下后轴。

(i)用二次举升器顶起车辆的前轴,对两前轮进行偏位补偿,操作方法与后轴车轮

学习任务 11 汽车轮胎异常磨损故障的诊断与排除

相同。

四个车轮的偏位补偿数据得到之后,点击屏幕上的"前进"图标进入下一步操作。程序会自动记录此偏位补偿数据以用于修正测量数据,不需要操作员做任何特殊操作,如图 11-38 所示。

图 11-37　左后轮的图标上会出现偏位补偿的最大数值

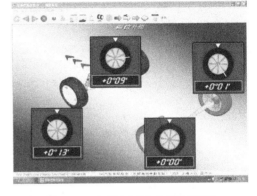
图 11-38　自动记录的此偏位补偿数据

注意:车轮落回转角盘之后,前轮位置仍应当保留在按偏位补偿计算键时车轮所处的位置;对于带有差速器的驱动轴,需要将两侧车轮和卡具都还原到初始位置后再按下任意一个补偿计算键完成计算。

(j)补偿全部完成后,上下晃动车身,使悬架复位。

锁上制动锁,如图 11-39 所示。其目的是防止在转向测量时,车轮发生转动引起传感器随之转动,影响主销后倾角和主销内倾角的测量结果。

(4)检测。

①按屏幕提示操作。如图 11-40 所示将方向对中。此时两前轮的前束以中心对称平面对中,开始后轮前束的测量,同时测出外倾角。

图 11-39　锁上刹车锁

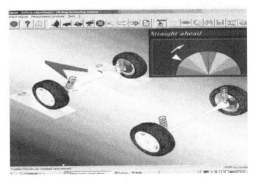
图 11-40　测量外倾角

②如果出现水平提示,调节各个传感器的水平,如图 11-41 所示。

③根据屏幕提示,分别向右、向左打 20°转角。以屏幕上箭头对中为准,如图 11-42 所示。

注意:在测量过程中,勿压靠车身和举升机;在转向时测出主销内倾角、主销后倾角和转向时负前束等定位参数;转向时,车轮的转动将影响以上测量结果;必须锁好制动锁。

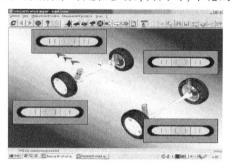

图 11-41　水平提示

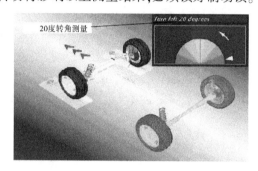

图 11-42　测定位参数

④再对中一次,确保出现相等的前束值。

此时两前轮的前束以几何轴线对中,开始前轮前束的测量,同时测出外倾角。按下 F3 功能键 或向前箭头进入最大在转角测量,如图 11-43 所示。

⑤使用电子转角盘测量最大转角。

对中后,显示屏提示将两个前传感器取下,如图 11-44 所示。目的是防止方向打到极限位置时,传感器与车身相撞。

图 11-43　对中相等的前束值

图 11-44　使用电子转角盘测量最大转角

接下来将转角盘分别连续向右、向左打到极限位置,并且握住,直到箭头跳转。再对中一次,确保显示测量结果,如图 11-45 所示。

注意:绿色结果表示该参数合格,红色结果表示该参数不合格,黑色结果表示该参数无标准数据。

(5)定位调整。

按照屏幕上的箭头打正转向盘。

将转向盘锁住,目的是保证后轴调整时,中心对称面的准确测量,并防止前轮调整时,方向偏转,影响测量结果。

①对于一个轴,一般先调整主销后倾角和外倾角,再调整前束角。

②在调整时,若不需要移动前轴副车架。车辆的调整顺序为:

(a)调整后轴的外倾角;

学习任务11 汽车轮胎异常磨损故障的诊断与排除

(b)调整后轴的前束;
(c)调整前轴的外倾角;
(d)调整前轴的前束。

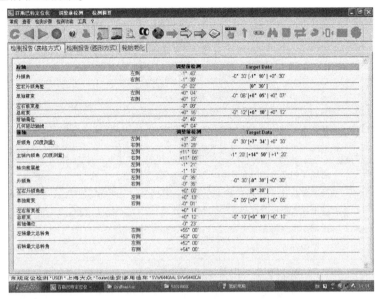

图 11-45 测量结果

③调整时,若需要移动前轴副车架,则车辆的调整顺序为:
(a)调整前轴的外倾;
(b)调整后轴的外倾角;
(c)调整后轴的前束;
(d)调整前轴的前束。

三 学习拓展

1 轮胎常见磨损

轮胎六种常见异常磨损特点、产生原因及排除方法见表11-1。

轮胎磨损的特点、产生原因与排除方法　　　表11-1

轮胎磨损特点	产 生 原 因	排 除 方 法
胎面花纹中央部分磨损	车辆行驶中,由于轮胎充气过多,胎压过高,仅使轮胎胎面中央部分的花纹接触地面,也就是轮胎压花面积较少,从而导致中央比两边部分的胎面花纹磨损快	若出现轮胎花纹中央磨损时,需要检查胎压是否比规定值高,一般车辆的轮胎厂家都有规定的参数值,应调整胎压至标准范围内
胎面花纹两边部分磨损	轮胎气压过低时,虽然轮胎胎面的两边和中央部分接触地面,但由于两边部分较硬,与地面摩擦力较大,中央部分较软,与地面摩擦力较小,使得胎面两边的花纹比中央磨损快,特别是在长期重载情况下,更为明显	根据车辆维修手册充气到规定压力

续上表

轮胎磨损特点	产生原因	排除方法
胎面花纹内侧或外侧部分磨损	由于车轮定位不准,主要是使用时间较长而使车轮定位参数发生变化,或长期不进行轮胎换位所致,其中,若前轮外倾角及前轮前束不符合标准,会引起前轮偏磨(也叫"啃胎"现象)	若出现此类磨损,需要做四轮定位,必要时进行轮胎互换
胎面花纹呈锯齿状磨损	主要是车辆长时间运行,影响到转向机构参数的改变,使前轮前束不符合标准,当胎面花纹由外侧向内侧呈锯齿状磨损,说明轮前束过大,反之,则说明前轮前束过小	根据锯齿状磨损量的具体情况,以本车的出厂值为参考数值,定期进行前轮前束的调整
胎面花纹呈波浪状或碟片状磨损	可能是由于车轮的动平衡不良、轮毂和轮轴及其轴承技术状态变差或车轮定位不符合技术规定而引起的,特别是轮毂和轮轴间的连接不符合锁止要求时,车辆行驶中极易出现车轮摆动	若出现这种磨损,应及时做车轮的动平衡或全轮定位,并检查相关轮毂与轴承的接合间隙
胎面花纹局部磨损	由于紧急制动,使车轮抱死,或者快速起步,使车轮打滑引起的胎面局部磨损。其中,紧急制动时局部磨损量大的主要因素	这种磨损会加速缩短轮胎的使用寿命,应该尽量避免紧急制动与急速起步,并及时进行轮胎换位

❷ **轮胎换位**

由于道路需要快速排除积水,所以道路在设计的时候都是向两边倾斜的,加上自身悬架有一定的倾角存在,导致轮胎在使用一段时间后,会出现单边磨损的现象,因此需要定期对轮胎进行交叉换位,防止单边磨损,延长轮胎使用寿命。

轮胎换位间隔一般新车为 10000km,以后每行驶 5000~10000km 需进行一次轮胎换位。常见的换位方式如图 11-46 所示。

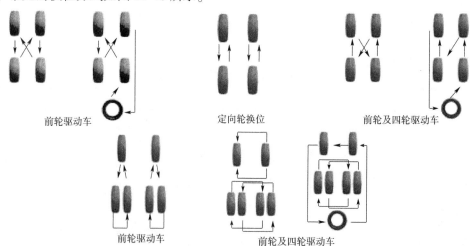

图 11-46 轮胎换位图

学习任务11 汽车轮胎异常磨损故障的诊断与排除

四 评价与反馈

1 自我评价与反馈

(1)通过本学习任务的学习,你是否已经知道以下问题:

①汽车轮胎的基本结构包括哪些部分?
_____。

②何谓子午线轮胎?它与普通轮胎相比有哪些优势?
_____。

③轮胎上 185/70R14 86H 的含义是什么?_____
_____。

④轮胎技术状况对汽车工作性能有哪些影响?_____
_____。

⑤常用的气压单位有几种?怎么换算?_____
_____。

(2)轮胎更换过程中用到了哪些设备?
_____。

(3)实训过程完成情况如何?
_____。

(4)通过本学习任务的学习,你认为自己的知识和技能还有哪些欠缺?
_____。

签名:_____   ____年____月____日

2 小组评价与反馈(表11-2)

小组评价表　　　　　　　　　表11-2

序号	评价项目	评价情况
1	着装是否符合要求	
2	是否能合理规范地使用仪器和设备	
3	是否按照安全和规范的流程操作	
4	是否遵守学习、实训场地的规章制度	
5	是否能保持学习、实训场地整洁	
6	团结协作情况	

参与评价的同学签名:_____　____年____月____日

3 教师评价与反馈

_____
_____。

教师签名:_____　____年____月____日

五 技能考核标准

考核的方式建议每个人独立完成学习领域中的实训任务,培养学生独立自主完成任务的能力。实训任务综合性较强,可以根据学生完成实训任务的情况评价整个学习领域的学习效果。表 11-3 ~ 表 11-5 为技能考核标准。

技能考核标准表(任务一)　　　表 11-3

任务	序号	考核项目	规定分	评分标准	得分
轮胎拆装机使用	1	安全问题否决		造成人身、设备重大事故,或恶意顶撞考官,严重扰乱考场秩序,立即终止考试,此题计 0 分	
	2	安全文明	20 分	不穿工作服、不穿工作鞋、不戴工作帽,各扣 1 分; 油、水洒落在地面或零部件表面未及时清理,每次扣 1 分; 垃圾没处理,每次扣 1 分; 竣工后未清理工具,每件扣 1 分; 不服从考官,出言不逊,每次扣 3 分	
	3	设备检查工作	4 分	作业前未对设备电源是否正常检查扣 2 分; 未检查随机配套工具是否齐备扣 2 分; 记录车辆铭牌信息是否全面,缺少一个必要信息扣 2 分; 检查上夹爪、风压铲、转盘,漏检一个扣 2 分	
	4	拆胎操作	30 分	没将胎中空气全部放掉扣 2 分; 没将轮辋外缘的平衡块卸掉扣 2 分; 没有使用毛刷蘸水或盒中事先放好的浓肥皂液润滑胎缘扣 2 分; 选择好锁定方式后,不能正确将轮胎锁在转盘上扣 2 分; 将垂直轴置于工作位置,使拆装机头靠近轮缘,使拆装机头内锥滚离轮辋约有 2mm 距离,划伤轮缘,扣 2 分; 用胎撬将胎缘撬在拆装机头上,点踩让转盘时顺针旋转,胎缘无法脱落扣 10 分	
	5	装胎操作	30 分	将胎缘置于拆装机上,将轮辋锁定在转盘上,左端向上,不能同时压低胎肚扣 2 分; 没用浓肥皂液润滑轮缘扣 2 分; 没法正确将轮胎装入的扣 10 分	
	6	轮胎充气	13 分	没有检查轮辋与轮胎是否同一尺寸扣 2 分; 没有检查轮胎的磨损情况,没有确认轮胎在充气前没有损坏扣 2 分; 在给轮胎充气时应慢慢地压充气枪数次,确定压力表显示的值不在生产厂家所注明范围的扣 5 分	
	7	测试结束工作	3 分	未关闭电源扣 1 分; 车轮卸下后,未放入轮胎架,扣 1 分; 随机工具未归位扣 1 分	
总　　分			100 分		

学习任务 11　汽车轮胎异常磨损故障的诊断与排除

技能考核标准表（任务二）　　　　　　　　　　　　　　　　　表 11-4

任务	序号	考核项目	规定分	评 分 标 准	得分
轮胎动平衡检测	1	安全问题否决		造成人身、设备重大事故，或恶意顶撞考官，严重扰乱考场秩序，立即终止考试，此题计 0 分	
	2	安全文明	20 分	不穿工作服、不穿工作鞋、不戴工作帽，各扣 1 分； 油、水洒落在地面或零部件表面未及时清理，每次扣 1 分； 垃圾没处理，每次扣 1 分； 竣工后未清理工具，每件扣 1 分； 不服从考官，出言不逊，每次扣 3 分	
	3	设备检查工作	4 分	作业前未对设备电源是否正常检查扣 2 分； 未检查随机配套工具是否齐备扣 2 分； 记录车辆铭牌信息是否全面，缺少一个必要信息扣 2 分	
	4	测试前工作	36 分	测试前，未拆卸所有平衡块，扣 4 分； 未清除轮胎上的所有异物，扣 4 分； 检查轮胎花纹深度、检查轮胎表面无异常磨损、检查轮辋和轮盘有无任何变形和破损，未做扣 4 分； 检查胎压，并将轮胎调节至规定压力，未做扣 4 分； 安装轮胎到平衡机时，根据轮毂中心孔的大小正确选择适配器，选错扣 2 分； 未使用快速安装方法安装车轮扣 1 分； 测试前，未根据轮辋形式正确选择测试方式扣 10 分	
	5	轮胎动平衡测试	37 分	采集三组数据，每错一个扣 3 分； 输入数据方法不正确，每个扣 2 分； 读错内、外不平衡质量扣 5 分； 不能正确找到内外不平衡位置扣 5 分； 不能根据轮辋形式正确选择平衡块类型扣 5 分； 安装平衡块不正确扣 5 分； 未进行两次动平衡复查扣 2 分，只复查一次扣 1 分	
	6	测试结束工作	3 分	未关闭电源扣 1 分； 车轮卸下后，未放入轮胎架，扣 1 分； 随机工具未归位扣 1 分	
总		分	100 分		

技能考核标准表（任务三） 表11-5

任务	序号	考核项目	规定分	评分标准	得分
四轮定位仪使用	1	安全问题否决		造成人身、设备重大事故，或恶意顶撞考官，严重扰乱考场秩序，立即终止考试，此题计0分	
	2	安全文明	20分	不穿工作服、不穿工作鞋、不戴工作帽，各扣1分；油、水洒落在地面或零部件表面未及时清理，每次扣1分；垃圾没处理，每次扣1分；竣工后未清理工具，每件扣1分；不服从考官，出言不逊，每次扣3分	
	3	设备检查工作	4分	作业前未对设备电源是否正常检查扣2分；未检查随机配套工具是否齐备扣2分；记录车辆铭牌信息是否全面，缺少一个必要信息扣2分；检查举升机、车辆停放、前转角盘销子是否锁止、后滑板销子是否锁止，漏检一个扣2分；检查前后轮胎型号、轮辋、轮胎压力是否与满足原厂要求，漏检一个扣2分；五件套漏安装一套扣2分；检查转向盘是否正中、检查同轴两侧车轮轮胎花纹是否一致、检查轮胎是否有裂纹、损坏，异常磨损是否嵌入金属颗粒或异物，漏检一个扣2分；检查备胎是否安放到位、检查驾驶室内是否空载、目视检查车身外观是否有严重撞击变形，漏检一个扣2分；检查转向连接机构、前轴悬架、后轴悬架有无异常，漏检一个扣2分	
	4	定位检查	30分	定位仪准备，安装传感器及卡具，有一处不到位扣2分；没空挡或没松驻车制动扣2分；没有拔出前轮转盘固定销并放好扣2分；没有拔出后轮滑板固定销并放好扣2分；将垂直轴置于工作位置，使拆装机头靠近轮缘，使拆装机头内锥滚离轮辋约2mm距离，划伤轮缘，扣2分；没有实施驻车制动、没有使用权制动锁顶住行车制动踏板、没有检查减振器复位，漏一项扣2分；不会按照屏幕提示调节传感器水平的扣2分；不会按照程序引导左右转向及回正操作扣8分；不能正确记录测量数据扣4分；不会分析参数，不准确扣4分	
	5	测试结束工作	3分	没有将传感器放回充电位置，一个扣2分；前转向盘、后滑板固定销没插入，一个扣2分；未关闭电源扣1分；未拆除制动锁、卡具等相关定位所用物品漏位，一处扣1分；随机工具未归位扣1分	
总		分	100分		

参 考 文 献

[1] 林平.汽车整车故障早期发现方法200Q&A[M].北京:电子工业出版社,2003.
[2] 杨海泉.汽车故障诊断与检测技术[M].北京:人民交通出版社,2004.
[3] 程森.汽车电控汽油发动机检修[M].北京:中国劳动社会保障出版社,2010.
[4] 崔选盟.汽车故障诊断技术[M].北京:人民交通出版社,2005.
[5] 刘艳莉.汽车故障诊断思路与排除方法[M].北京:人民邮电出版社,2013.
[6] 崔选盟.汽车故障诊断技术[M].北京:人民交通出版社,2005.
[7] 陈焕江.汽车检测与诊断(上)[M].北京:机械工业出版社,2001.
[8] 陈焕江.汽车检测与诊断(下)[M].北京:机械工业出版社,2002.
[9] 张建俊.汽车诊断与检测技术[M].2版.北京:人民交通出版社,2003.
[10] 张建俊.汽车检测设备应用技术[M].北京:机械工业出版社,2002.
[11] 吕传章.汽车维修与检测诊断[M].北京:人民交通出版社,2001.
[12] 臧杰,阎岩.汽车构造(下)[M].北京:机械工业出版社,2005.
[13] 樊永强,将瑞斌.汽车故障诊断与排除[M].长沙:中南大学出版社,2011.
[14] 全华科友.汽车底盘构造与维修.北京:人民交通出版社,2011.
[15] 梁家生,谭鹏程.汽车底盘构造与维修理实一体化教材.北京:人民交通出版社,2012.
[16] 周林福.汽车底盘构造与维修.北京:人民交通出版社,2005.
[17] 任晓农,张生强.汽车传动系统维修.北京:人民交通出版社,2012.
[18] (德)Wilfried Staudt.汽车机电技术(一).北京:机械工业出版社,2012.